Die Melonen der Monarchen

Potsdamer Pomologische Geschichten

Marina Heilmeyer
Clemens Alexander Wimmer
Gerd Schurig

vacat

Amicua-Melone, nach Ananas duftend

(aus: Brookshaw 1817)

Inhalt

Eine uralte Frucht ● Seite 6

Ein Marktstand des 16. Jahrhunderts ● Seite 30

Rezepte ● Seite 33

»So muß Fürstenspeise sein« ● Seite 47

Gärtners Meisterstück – die Melone ● Seite 51

Die Melonen des Sonnenkönigs ● Seite 63

Ein lehrreiches Gespräch über Melonenbau ● Seite 67

König Friedrich und die Melonen ● Seite 71

Potsdamer Melonen im 19. Jahrhundert ● Seite 83

Das Ende der Melonenkultur ● Seite 90

Über die Sorten der Melonen ● Seite 91

Literatur ● Seite 100

Chate-Melonen auf dem Gabentisch aus einem Grab der Thutmosis IV.-Zeit, um 1400 v. Chr.

Eine uralte Frucht

Wie ein ferner Traum erschienen den Israeliten auf ihrer mühevollen Flucht durch eine wasserlose Wüste ins gelobte Land die saftigen Melonen und nahrhaften Flaschenkürbisse, die so reichlich in Ägypten vorhanden gewesen waren, um Hunger und Durst zu stillen.(4. Mose 11,5).

● Melonen und Flaschenkürbisse, wie sie in der Bibel bei Moses geschildert werden, hatten in Ägypten bereits die Pyramidenbauer in ihren Gärten. Schon 4000 v. Chr. wurden hier die im tropischen Afrika heimischen Früchte kultiviert. Kaum ein Opfertisch unter den vielen auf den Fresken der pharaonischen Grabbauten dargestellten Szenen, auf dem nicht Melonen und Kürbisse gestapelt wären, um den Toten ewige Nahrung im Jenseits zu versprechen.

● Bei diesen länglichen grünen, gestreiften und gerippten Früchten handelt es sich, wie der Berliner Forschungsreisende Georg Schweinfurth 1863–1866 durch Funde bestätigen konnte, um eine besondere Spielart der Melonen, die oft fälschlich als Gurken bezeichnet werden. Ihr botanischer Name ist *Cucumis chate* Hasselq. Sie sind unter dem Namen Chate-Melone bekannt und nicht nur die auf altägyptischen Bildern am häufigsten abgebildeten Früchte, sondern sind heute noch eine der zur Erfrischung und als Nahrung wichtigen Kulturpflanzen Ägyptens und des Sudan. »*Gut und frisch und hat sich heute Nacht gestreckt!*« Mit diesem Ruf betonen arabische Früchtehändler auf den morgendlichen Märkten die Frische ihrer Chate-Melonen.

Bei den in der Bibel oder auf den Fresken der Pharaonen-Zeit neben den Melonen geschilderten Kürbissen handelt es sich um die ebenfalls im tropischen Afrika und Asien heimischen Flaschenkürbisse oder Kalebassen, deren botanische Bezeichnung *Lagenaria vulgaris* L. lautet. Seit Menschengedenken gab es keinen Fischer, der sich nicht der ausgehöhlten und getrockneten Früchte als Schwimmer für seine Netze bedient hätte, keinen Wanderer, dem sie nicht als Wasser – oder Pilgerflasche genutzt und keinen Koch, der nicht die zarten, jungen Früchte, im Geschmack ähnlich den erst im 17. Jahrhundert kultivierten Zucchini, geschält, gewürzt und gegart gerne aufgetischt hätte. Je länger und dünner sie sind, so sagen antike Texte, desto angenehmer sei ihr Geschmack.

● Offenbar sind diese im tropischen Afrika und Asien heimischen Früchte bereits in präkolumbianischer Zeit von der Ozean-Drift bis an die Küsten Südamerikas gespült worden und spielten hier als künstlerisch bearbeitete Gefäße und Behälter eine wichtige Rolle in der Kulturgeschichte.

● Vorgeschichtliche Reste von Melonen wurden auch in verschiedenen Teilen Asiens entdeckt, so in steinzeitlichen Fundschichten um 7000 v. Chr. in Thailand, China und Indien, wobei jedoch unklar ist, ob sie von gesammelten Wild-Melonen oder von bereits angebauten Kulturformen stammen.

Samen von Citrullus edulis Schrad. var. colocynthoides Schwf. aus einem Grab der griechisch/römischen Epoche in Gebelen, Ägypten

Sprichwort

Melonen sind die Könige von Gottes Gnaden unter allen Früchten dieser Erde.

Die Melonen wurden von ihren nächsten Verwandten, den Kürbissen und Gurken, sprachlich nicht immer richtig unterschieden. Bei keiner anderen Pflanzenfamilie sind die formalen Abweichungen und Übergänge so vielfältig wie bei den Cucurbitaceen, zu denen alle Melonen, Kürbisse und Gurken zählen. Die nach Zeit und Ort wechselnden Bezeichnungen machen es außerordentlich schwer, zu entscheiden, ob nun Gurken, Kürbisse oder Melonen gemeint waren. Die Gurken haben kleine und die Kürbisse große, zweigeschlechtliche Blüten, während die Melonen kleine, meist eingeschlechtliche Blüten tragen.

● Charakteristisch für alle Mitglieder der großen, siebenhundert Arten und neunzig Gattungen umfassenden Familie ist ihr üppiges und rasches Wachstum und die Saftfülle der Früchte, die eine große Frostempfindlichkeit mit sich bringt. Die einjährigen Pflanzen sind in ihrer Mehrzahl in den tropischen Gebieten der Erde heimisch. Ihre Einordnung in das botanische System der Pflanzenfamilien ist bis heute nicht wirklich geklärt. Da wilde Melonen von Südafrika bis Südostasien vorkommen, konnten innerhalb der in diesem großen Verbreitungsgebiet isolierten Populationen viele Formen spontan entstehen. Aus diesen bereits in der Natur außerordentlich mannigfaltigen Formen wurden dann die Kulturformen entwickelt, deren Domestizierung in Afrika und Asien etwa gleichzeitig stattgefunden zu haben scheint.

● Zahlreiche Mitglieder der riesigen Familie liefern nicht nur eßbare Früchte und öl- und eiweißreiche Samen, sondern las-

Melonensortiment
der Firma Benary,
Erfurt 1877

sen sich auch zu medizinischen Zwecken nutzen. So hat zum Beispiel die chininhaltige asiatische *Momordica* viele Menschen vor der Malaria bewahrt.

● Zu ihrer weltweit frühen Verbreitung und Kultivierung hat neben den genannten Eigenschaften und ihrer Bedeutung für die Ernährung der Menschen sicher auch die Tatsache beigetragen, daß die Samen über eine sehr lange Zeit von sieben bis acht Jahren keimfähig bleiben.

● Zwölf Sortengruppen von Melonen oder *Cucumis melo* L. werden heute in der Botanik unterschieden. Sie sind alle in den Tropen Afrikas, Südwest- und Mittel-Asiens heimisch. Davon sind immerhin sechs Gruppen für die Kulturgeschichte der Gartenmelonen von Bedeutung.

1. Die Dudaim-Gruppe, zu der unter anderen die Cucumis aromaticus Royle gehört und die als Dekorpflanze von Bedeutung ist. In Indien werden diese Melonen gerne zum Parfümieren von Räumen verwendet.
2. Die Adzhur-Gruppe, zu der die schon besprochene *Cucumis chate* Hasselq. zählt. Die jungen Früchte dieser Gruppe können wie Gurken gegessen werden und sind erst nach dem zweiten Weltkrieg auf den Märkten Afrikas von der Gurke (*Cucumis sativus*) verdrängt worden.
3. Die Flexuosus-Gruppe, zu der die Schlangen-Melone (*Cucumis flexuosus* L.) gerechnet wird.
4. Die Kantalup-Gruppe, die von Missionaren im 15. Jahrhundert aus Türkisch-Armenien nach Italien gebracht wurde und zur besten und beliebtesten europäischen Dessert-Melone avancierte. (*Cucumis melo* var. *cantalupo* und *Cucumis melo* L. var. *cantalupensis* Naud.)

Citrullus edulis Schrad. var. colocynthoides Schwf. Fruchtteil und -samen, Dra Abu el Nega, Ägypten

5. Die Cassaba-Gruppe, die sich gut zum Einkreuzen in die Kantalup-Melonen eignet.

6. Die Zard-Gruppe, zu der die besten Melonen dieser Welt gehören. Sie sind im Iran und in Afghanistan heimisch und werden nur in weniger schmackhaften Versionen außerhalb ihrer eigentlichen Heimat kultiviert. Von Arabien wanderten sie über Spanien bis in die Karibik. Zu dieser Gruppierung zählen auch die Inodorus-Melonen.

Sprichwort

Schnell Emporgekommene verderben schnell.

● Relativ nahe Verwandte der Melone sind die in Indien heimischen Gurken (*Cucumis sativus* L.), die Wassermelone (*Citrullus lanatus Matsum. et Nakai*) ist Afrikanerin und stammt aus den Steppengebieten der südlichen Kalahari. Hier ist sie ein wichtiger Wasserspender für Mensch und Tier. Eine Varietät (*Citrullus lanatus* var. *colocynthoides*) wurde in Ägypten seit 2000 v. Chr. kultiviert. Die Früchte waren ungenießbar, aber die Samen geröstet und gesalzen, eine beliebte Nahrungsergänzung. Die aus den Wildpflanzen kultivierten Sorten sind Produkte verschiedener, voneinander unabhängiger Domestizierungen.

Melonen in der Antike

Schriftlichen Nachrichten von Melonen und Flaschenkürbissen im alten Ägypten beschränken sich auf knappe medizinische Texte, in denen die Melone und eine Wildform der Wassermelone als Wurmmittel angepriesen werden, während die Koloquinte (*Citrullus colocynthis*) als Abführmittel empfohlen wird. Letzere Nutzung ist noch heute in der ägyptischen Volksmedizin üblich.

Sprichwort

Lieber heute eine Melone als morgen ein Kürbis

● In Griechenland hat man in der um 1200 v. Chr. entstandenen mykenischen Siedlung von Tiryns Melonensamen gefunden, und da in diesem Raum wilde Melonen nicht vorkommen, gelten sie als erster Nachweis für eine Gartenkultur von Melonen auf europäischem Boden. Künstliche Bewässerung muß dabei vorausgesetzt werden.

● Der römische Poet Vergil (70–19 v. Chr.), setzt den Melonen in seinem schönen Gedicht vom Landbau ein frühes literarisches Denkmal: »[...] *der Gärten Lob* [...], *wo ringelnd im Gras wächst der Melone gewaltiger Bauch.*«

● Der römische Dichter Martial (um 40 bis um 104) schildert die Nutzung der Melonen und Flaschenkürbisse in der Küche und warnt, daß man bei einem festlichen Essen, von der Vorspeise bis zum Nachtisch lauter Gerichte, bestehend aus diesen beiden Früchten, vorgesetzt bekommen könne, mal würzig, mal süß zubereitet.

● Wenige Sätze in der um 60 n. Chr. geschriebenen Naturgeschichte des römischen Wissenschaftlers Plinius d. Ä. (23–79) beschäftigen sich mit dem Anbau von *cucumis*, *cucurbita* und *melopepo*, was nach den neuesten, archäobotanischen Forschungen wohl mit Chate-Melonen, Flaschenkürbissen und Melonen übersetzt werden müßte.

● Plinius berichtet im Abschnitt über *cucumis*: »*Wenn sie besonders groß sind, werden sie pepones genannt.*« Und mit Verwunderung fügt er hinzu: »*Siehe, es ist in Campanien,* [der besonders fruchtbaren Landschaft um Neapel,] *eine ganz neue Form aufgetreten, vom Aussehen einer Quitte. Wie ich vernehme, ist wohl zunächst nur eine entstanden und später aus jenem Samen diejenige Gattung geworden, die man melopepona nennt.*«

'Green fleshed Melon'
(aus Anderson 1875)

Hiermit meint Plinius wohl eine der duftenden Melonen aus der Dudaim-Gruppe.

● Chate-Melonen scheinen die große Leidenschaft des Kaiser Tiberius gewesen zu sein. Daher versuchten seine Gärtner, ihm diese Früchte so oft wie möglich bieten zu können. Plinius schreibt: »*Seine Gärtner pflanzten sie in bewegliche Beete, die auf Rädern standen, an die Sonne vorgeschoben werden, und bei kalter Witterung unter ein wohlverwahrtes Behältnis, das Fenster aus Speckstein hatte, zurückgezogen werden konnten.*«

● Eine weitere Beschreibung im Zusammenhang mit der Kultur der Cucurbitaceen findet sich bei Plinius, wie geschaffen, die Herzen barocker Gartenliebhaber höher schlagen zu lassen. Da Plinius als in allen nachfolgenden Epochen meistgelesener antiker Autor gilt, dürften die bei ihm beschriebenen gärtnerischen Kunststücke auch nicht folgenlos geblieben sein. Für Flaschenkürbisse empfiehlt Plinius das folgende Verfahren: »*Die Kukurbiten wachsen in jede enge Form hinein, und mehrentheils steke man die Frucht, wenn sie abgeblühet hat, in gläserne Formen. Sie wächst alsdann, wie man sie zwingt, in jede Figur, und gemeiniglich wird die Form eines gekrönten Drachens gewählt.*« Leider sind weder von den Frühformen der Glashäuser noch von den Kürbissen in Drachenform irgendwelche Abbilder überliefert.

● Bewunderungswürdig nennt Plinius die Melonen und die gärtnerische Hingabe an sie und hat mit diesen Worten gewiß zu ihrer Bedeutung in den folgenden Jahrhunderten beigetragen.

Im kaiserzeitlichen Rom hat man anscheinend Melonen als Erfrischung zu den Spielen im Kolosseum mitgenommen, denn Archäologen fanden hier auffallend viele Kerne. Die Römer brachten die beliebten Früchte auch in die von ihnen besetzten Gebiete Süd- und Westdeutschlands, wo sie die Melonen nicht nur gegessen, sondern auch angebaut oder ihren Anbau zumindest versucht haben.

Melonengurke (aus: ATGM 1811)

Jona in der Kürbislaube, 4. Jh. n. Chr.,
mit Gold bemaltes Glas

Ein weiterer Hinweis des Plinius zeigt nachhaltig Wirkung in der Gartengeschichte. Das fröhliche Wachstum der Flaschenkürbisse empfiehlt er, zur Begrünung von Lauben, Pergolen und Gartenzimmern zu nutzen. Solche Kürbislauben müssen den Römern spätestens seit den Zeiten der Imperatoren sehr geläufig gewesen zu sein.

● Wie üblich Kürbislauben auch in der Spätantike gewesen sein müssen, läßt sich aus Malereien in den frühen Katakomben Roms schließen, die eine Bibelstelle in besonderer Weise interpretieren. Es ist die Geschichte des Propheten Jona aus dem Alten Testament, in dem man einen Vorläufer Christi zu erkennen glaubte. Was in der Bibel ganz allgemein als große, rasch wachsende Pflanze geschildert wird, die Gott zum Schutze des Jona und als Zeichen seiner Güte und seiner Strenge wachsen läßt, das konnte, so dachte man, nur ein Kürbis gewesen sein. Maler, Mosaizisten und Bildhauer bemächtigten sich dieses Themas und schilderten in vielen Variationen eine lauschige Kürbislaube, gut erkennbar an den herabhängenden Früchten, die über dem glücklichen Jona emporwächst und ihm nach göttlichem Willen Schatten spendet. So wurde die Kürbislaube mit ihren Früchten zum Symbol der Glückseligkeit, des Friedens und der Befreiung aus Dunkel und Verzweiflung. Wie Dionysos unter den Trauben und Weinranken, so ruht Jona unter seiner Kürbislaube.

● Ein Gedankenspiel, wie es Jahrhunderte später im Weinberghaus Friedrichs II. in Sanssouci wieder aufgenommen zu sein scheint.

● Diese Anregung greift Friedrich Wilhelm IV. wieder auf, als er die Pergolen im Paradiesgärtlein am Klausberg mit emporrankenden Melonen bepflanzen läßt, die einen Eindruck von üppiger Vegetation und verwunschenem Zauber vermitteln. Auch dies mag als Symbol des Friedens und der Glückseligkeit verstanden worden sein.

Erste Melonen in Deutschland

● Wie schon erwähnt, führten die Römer die Melonen in Deutschland ein, und sie wurden hier auch im Mittelalter weiter kultiviert. Um 800 forderte Karl der Große in seiner Verordnung für Landgüter, dem viel zitierten *Capitulare de villis*, auch den Anbau von *pepones*, womit wohl Melonen gemeint waren. Um Melonen handelt es sich jedenfalls bei den zur gleichen Zeit in einem wunderbaren lateinischen Gartengedicht besungenen Früchten. Der Verfasser dieses *Hortulus* betitelten Gartenlobs ist Walahfrid Strabo, der weitgereiste Abt der Klosterinsel Reichenau im Bodensee.

● Sein Vorbild war Vergil, dessen Texte zur beliebten Lektüre der gebildeten Mönche des Mittelalters gehörten. Und so kommen auch Melonen und Flaschenkürbisse bei Walahfrid zu dichterischen Ehren. Seine Zeilen über den Flaschenkürbis und die Melone zählen zu den längsten und schönsten Versen des *Hortulus*.

Pergola im Paradiesgärtlein, Sanssouci,

Carl Graeb, Aquarell, 1853.

Vermutlich waren es duftende Melonen aus der Dudaim-Gruppe.

● Die klimatischen Verhältnisse auf der Insel Reichenau im Bodensee dürften eine Freilandkultur der Melone und des Flaschenkürbis ohne weiteres ermöglicht haben, zumal es damals durchweg wärmer war als heute.

● Im hohen Mittelalter geht der gelehrte Bischof Albertus Magnus (1193–1280) in seinem Werk *De vegetabilibus et plantis* auf die Melonen ein und bezeichnet sie als *melones* und *pepones.*

● Aus diesem *pepones* entwickelt sich im Laufe des Mittelalters die Bezeichnung ›Pfeben‹. Erst im 15. Jahrhundert taucht die von *melopepon* oder *melones* abgeleitete Bezeichnung ›Melone‹ auf. Aus dem männlichen Geschlecht der Melone in den romanischen Sprachen wird jetzt in der deutschen Sprache ein weibliches.

● Wann die Melone nach Brandenburg kam, ist ungewiß. Johannes Franke erwähnt sie 1594 in seinem *Hortus Lusatiae* für die Lausitz unter den Namen »*Melo, Melonen / Pfeben / Plützer*«, wie auch Pfarrer Johann Cöler 1595 in seinem in Berlin verfaßten *Haußbuch.*

● Die Kräuterbücher und Garteninventaren des 16. Jahrhunderts führen selbstverständlich Melonen auf. Wie die meisten traditionellen Pflanzen dienten sie auch als Heilmittel. Man verwendete Melonen als harntreibendes, Geschwüre heilendes, kühlendes und magenstärkendes Medikament sowie zur Wiederbelebung bei Schwächeanfällen: »*So einer der in onmacht fellt zu den Pfeben oder Melonen schmeckt / kompt er widerumb zu jhm selbs*«, schreibt Fuchs 1543. Auch in der Kosmetik waren sie als Schönheitsmittel beliebt: »*So man mit den Pfeben die unreynen haut / vnd das angesicht reibt / vertreiben sie allerley masen / flecken / roßmucken und dergleichen vngestalt so daran gefunden würdt«* und machen die Frauen schöner, als die Natur ihnen ursprünglich zugestand, wie Fuchs meint.

● Auch mancher Aberglaube bemächtigte sich der Melonen. So dachte man, daß menstruierende Frauen den reifenden Früchten schaden würden. Noch 1652 rät der *Jardinier François* von Bonnefons, Frauen von den Melonenbeeten fern zu halten.

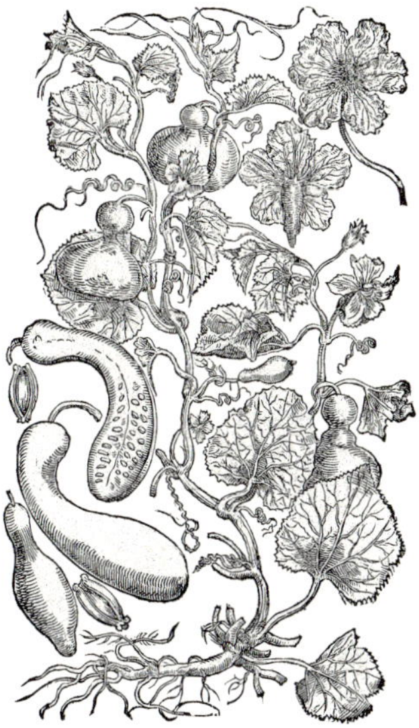

Flaschenkürbis (aus: Mattioli 1586)

Melone (aus: Mattioli 1586)

Indianischer Kürbis (aus: Mattioli 1586)

Marco Polo, die Mauren und die Melonen

Wenn die Sonnenwärme Brandenburgs nicht ausreichte, die Melonen in den Glashäusern und unter ihren Hauben reifen und schmackhaft werden zu lassen, dann erlaubte sich Friedrich II. den Luxus, Melonen aus Spanien kommen zu lassen. Dort gab es ein von den Mauren hinterlassenes gärtnerisches Wissen und Können, das die Kultur besonders köstlicher Zuckermelonen möglich machte. Melonen spielten im orientalischen Leben eine wichtige Rolle. »*Kein Europäer kann sich einen Begriff machen von dem süßen Wohlgeschmack dieser köstlichen Früchte. Sie schmelzen im Munde und mit Brot gegessen sind sie die lieblichste und erquicklichste Speise, der Natur.*« So enthusiastisch berichtet 1271 der Venezianer Marco Polo von den Melonen, die er auf dem Weg nach China in Persien kennen und schätzen lernte. Hier am Van-See, zwischen Armenien und Persien gelegen, ist die Heimat der Wildformen der wegen ihres vorzüglichen Aromas an erster Stelle stehenden Gruppe der Kantalup-Melonen.

Kürbisse, Kolumbus und der Global Exchange

Vermutlich als öl- und eiweißhaltige Ergänzung der Nahrung befanden sich an Bord der Santa Maria auch Melonensamen, als Christoph Kolumbus 1492 in Haïti landete. Als Samenmaterial für Pflanzungen werden sie ursprünglich nicht gedacht gewesen sein, denn daß es am eigentlich angestrebten Reiseziel Indien Melonen, Gurken und Flaschenkürbisse gab, dürfte bekannt gewesen sein. Staunend wird man in Haïti festgestellt haben, daß hier ganz andere, größere, duftlose und nur gekocht genießbare Kürbisse wuchsen, während die erfrischenden und aromatischen Melonen gänzlich unbekannt waren. Wie bei so vielen Pflanzen sorgte Kolumbus auch hier für den Austausch zwischen Alter und Neuer Welt, ließ die Melonensamen im neu entdeckten Erdteil sprießen und nahm Kürbissamen mit nach Spanien zurück. Sie wuchsen und trugen auch in Europa seit 1500 problemlos Früchte. Lange Zeit hielt man sie nur für andere Arten des vertrauten Flaschenkürbis, den Plinius in der Antike *cucurbita* nannte und Mattioli 1562 »*vnsere Einheymische Kürbis / darauß man Flaschen macht.*« Er unterschied drei Sortengruppen, lange, runde und breitliche[1].

● Der heute so vertraute Speisekürbis wurde nach seiner Einfuhr in Europa im 16. Jh. als »*Türkische Gurke*« (Fuchs 1543) oder »*Indianischer Kürbis*« (Mattioli 1563) bezeichnet. Auch der Zierkürbis kam damals aus Amerika und hieß zunächst »*Indianisch Apffel*« (Bock 1551).

● 1540 wuchsen in Mexiko nachweislich die ersten Melonen, Jahrhunderte später dankte Mark Twain Kolumbus für sein Mitbringsel. Melonen, so schrieb er in *Pudd'n Wilson*, sind der höchste Luxus dieser Welt. Sie sind die Könige von Gottes Gnaden über alle anderen Früchte dieser Erde. Wer sie je gekostet hat, der weiß, wovon die Engel sich ernähren.

Wassermelone und Melone (aus: Calwer 1852)

Ausschnitt aus einer Supraporte im Schloß Sanssouci,
Augustin Dubuisson, 1747

● Die Wassermelone (*Citrullus lanatus*) gehört botanisch nicht zu den Melonen, sondern zu einer anderen Gattung. In der Renaissance hieß sie meist *Citrullus* (Bock 1539, Lonitzer 1554, Tabernaemontanus 1588), oder man bezeichnete sie mit *Anguria* (Dalechamps 1587, Bauhin 1623). Sie kann bis 20 kg schwer werden und ist somit größer und schwerer als die Melonen. Das Fleisch ist dank Karotin mehr oder weniger rot. Das sicherste Unterscheidungsmerkmal aber ist: Die Samen sind über das ganze Fruchtfleisch verteilt, während sie bei der Melone in der zentralen Höhlung konzentriert sind.

● Die Wassermelone wurde schon im Alten Ägypten kultiviert. Plinius beschreibt sie jedoch unter dem Namen *pepo* so mangelhaft, daß man annimmt, er habe die offenbar in seiner Zeit ganz neu aus Ägypten eingeführten Früchte nicht genau gekannt.

● In Deutschland soll die Wassermelone seit dem 13. Jahrhundert bekannt sein. Die uns heute bekannte Dessert-Wassermelone stammt wohl von asiatischen Kulturformen ab und kam erst im 9. Jahrhundert mit den Arabern nach Nordafrika und Spanien. Man schätzte sie deutlich weniger als die Melone, darin sind sich Autoren von Gartenratgebern vom 17. bis ins 20. Jahrhundert einig. Viel weniger Mühe war erforderlich, um sie zu kultivieren, und daher schien sie auch weniger wert zu sein.

Marktfrau am Gemüsestand, Pieter Aertsen 1567

Ein Marktstand des 16. Jahrhunderts

Melone, Kürbis und Gurke zählten im 16. Jahrhundert im nördlichen Europa noch zu den teuren Luxusgütern und kostbaren Delikatessen. Daß sie in so vielen Spielarten unter einer solchen Fülle von Obst und Gemüse auf einem Marktstand feilgeboten werden konnten, ist eher unwahrscheinlich. Bei dem Bild des Niederländers Pieter Aertsen (1508–1575), der als erster Marktszenen als Vorläufer der reinen Früchtestilleben malte und in Antwerpen und Amsterdam tätig war, dürfte es sich um ein Wunschbild handeln, eine Schilderung paradiesisch üppiger Verhältnisse, wie sie dem realen Alltag der Zeit sicher nicht entsprochen haben. Steigende Bevölkerungszahlen hatten im 16. Jahrhundert zu einer verstärkten Nachfrage nach Lebensmitteln geführt. Die Anbaumethoden der Landwirtschaft mußten umgestellt werden von der Selbstversorgung autarker Gemeinschaften auf eine Produktion für die Märkte, auf denen man nun erstmals die Früchte der Felder gegen Geld verkaufte. Bilder wie der Marktstand von Pieter Aertsen verdeutlichen diese Kommerzialisierung und visualisieren gleichzeitig in einer erstaunlich pathetischen Weise die ästhetischen Reize der Produkte dieser gewandelten Landwirtschaft, die sich auf neue Verhältnisse einzustellen versucht. Statt der im Mittelalter üblichen Dreifelderwirtschaft wird der Boden durch Fruchtwechsel systematischer und intensiver genutzt.

● Fruchtveredelung und die neuen Anbaumethoden führen zu einer Fülle neuer Obst- und Gemüsesorten, die man auch im Bild festgehalten wissen wollte. Stolz präsentiert auf Pieter

Aertsens Bild die junge Marktfrau die Schätze der neuen wirtschaftlichen Prosperität. Besonders betont sind dabei die wie ein Gegenbogen zu ihren ausgebreiteten Armen arrangierten verschiedenen Melonen, Kürbisse und Gurken. Ganz links im Bild eine längliche Chate-Melone. Daneben eine gestreifte Wassermelone, eine Zuckermelone und ein Kürbis aus Amerika. Davor eine Gruppe von Gurken, deren Kultivierung auch noch selten war. Solche Früchte füllten zunächst nur die Speisekammern der reichen Bürger und Feudalherren.

● Die genrehafte Szene im rechten Hintergrund, die ein bäuerliches Liebespaar in inniger Umarmung zeigt, deutet an, daß das Bild mehr vermitteln möchte als Schönheit. Dem Geist der Zeit entsprechend, wollte es auch zum Nachdenken über das Seelenheil des Menschen anregen und Warnen vor den schlimmen Folgen der Genußsucht und Gier. Früchten wurde dabei oft auch eine erotische Symbolik beigemessen, die in ihrer Form, zum Beispiel den prallen Rundungen der Melonen, oder auch in botanischen Charakteristika, wie einer großen Samenfülle oder vermuteten Wirkungen als Aphrodisiaka begründet sein konnte.

Melonenkultur (aus: Hohberg 1682)

Rezepte

Aus der Antike sind keine Rezepte mit Melonen, dafür aber viele Verwendungsmöglichkeiten für zarte, junge Flaschenkürbisse erhalten. Diese Flaschenkürbisse kann man in der heutigen Küche durch Zucchini ersetzen.

● Gekochte Flaschenkürbisse galten den antiken Ärzten als eines der angenehmsten Gemüse für den Magen.

● Der Feinschmecker Apicius empfiehlt folgende Zubereitungsart:

Flaschenkürbisse auf alexandrinische Art
2. Jh. n. Chr.

Zarte, junge Flaschenkürbisse im Ganzen kochen, dann in Scheiben schneiden, salzen und in eine geölte Pfanne legen. Mit Pfeffer, Kümmel, Koriandersamen und Minze würzen und leicht anbraten. Mit Essig ablöschen; Datteln und Pinienkerne zugeben, mit Honig, Essig und Liquamen abschmecken und servieren.

Hängen tu ich schon bei der Geburt
Drum wachs ich im Hängen
weich wiegt der Wind,
mich nähren schaukelnd die Lüfte.
Wenn ich nicht häng,
werd ich später nicht lang.

Antikes Pflanzenrätsel

Sprichwort

Melonen sind ein anmutiges Obst für Leckermäuler

● Die duftenden Melonen, die sich je nach Wärme und Bodenqualität zu stattlichen Exemplaren auswachsen können, zählen zu den wenigen Früchten, die nicht der für die Obstbäume zuständigen antiken Göttin Pomona zu verdanken sind, sondern, wie die Erdbeeren, im Küchengarten wachsen und damit eigentlich Ceres, der Göttin der Feldfrüchte, unterstehen. Melonen galten noch bis ins 19. Jahrhundert als die vollkommensten Früchte des Gartens.

● Nach der ›Vier-Säfte-Lehre‹, die der antiken und mittelalterlichen Zahlenmystik entspricht und den Nutzpflanzen die vier Qualitäten warm / kalt und feucht / trocken zuschreibt, gelten die Melonen als kalt und feucht im zweiten Grad.

● Daher glaubte man, daß sie nur von temperamentvollen Menschen gut verdaut werden könnten, während sie bei Phlegmatikern Fieber und Bauchschmerzen verursachen. Ein anderes Grücht besagte, daß der Verzehr von Melonen Lust und Liebe abträglich sei.

● Dennoch wurden die kostbaren und köstlichen Früchte, wenn vorhanden, besonderen Gästen der Äbte in den Klöstern oder der Fürsten in ihren Schlössern serviert. Mit nicht zu überhörender Schadenfreude wird immer wieder vom Tod vornehmer Herrschaften nach zu reichlichem Genuß von Melonen berichtet. So soll Friedrich III., der letzte in Rom gekrönte ›römische Kaiser deutscher Nation‹, 1493 nach dem Genuß von acht Melonen gestorben sein. Sein Schicksal teilten zwischen 1313 und 1534 zwei Päpste und zwei weitere römisch-deutsche Kaiser.

● Melonen sind ein anmutiges Obst für Leckermäuler, wenn man nicht zu viele ißt, sie mit Salz bestreut und guten Wein dazu trinkt, so meint 1563 der Naturwissenschaftler Mattioli. Das Sprichwort: »*Wirstu der Melaunen zu viel fressen / So wirstu auch bald die Kerne müssen essen*«, das Mattioli erwähnt,[2] bezieht sich auf die Herstellung eines Getränkes aus Melonenkernen, das man den Kranken bei hohem Fieber reichte, das aber auch als beliebtes und erfrischendes sommerliches Getränk galt. Johann Sigismund Elsholtz, der Hofmedicus des Großen Kurfürsten, hatte es bei seiner Studienzeit in Italien kennengelernt und beschreibt es in seinem *Neuen Tischbuch* von 1682:

»*Ob nun wohl dergleichen Emulsiones oder Lactaden / mehrenteils für die Kranken verschrieben werden: so ist es doch an dem / daß auch wohl gesunde Leute / zur Abkühlung und Erquickung / ein wohl bereites Milchwasser zu trinken pflegen. Wie denn bekannt / daß in allen italiänischen Städten den ganzen Sommer durch eine Lactade aus zerstoßenem Melonen-Samen und Brunnenwasser bereitet / und mit ein wenig Zucker abgesüsset / auff den Gassen herumgetragen / und einem jeden / der es fordert / verkauffet wird. Den Geschmack sotaner Lactaden kann man mit Rosen- oder Zimmet-Wasser erhöhen.*«

Wie sein Vorbild Jacques Pons, der Leibarzt des französischen Königs Henry IV, in seinem *Traité des melons*,[3] so empfiehlt auch Elsholtz, die Melonen zu Beginn eines Festmahles zu servieren und mit Salz oder Zucker bestreut zu genießen. Es finden sich aber auch andere Zubereitungsarten in seinem *Tischbuch*:

In Nonnenteig gebratene Melonenscheiben

Nach Elsholtz 1682

Aus 200 g Weizenmehl, 2 Eier, 50 ml Milch, 100 g weichem geriebenem Käse und etwas Salz einen Teig zubereiten.
1 Melone halbieren, entkernen, schälen und in Scheiben schneiden. Die Scheiben im Teig wenden und in einer Pfanne in Butter oder Butterschmalz ausbacken. Aus der Pfanne nehmen, mit Zucker oder Salz bestreuen oder mit Zitronen- oder Orangensaft beträufeln.

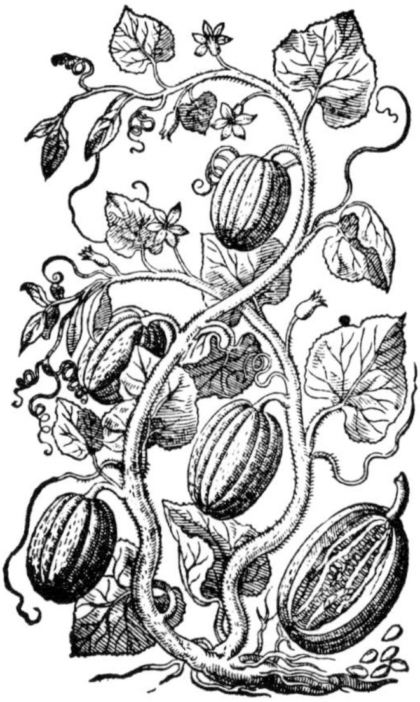

Melone (aus: Mattioli, 1586)

Melone in Würzwein

Sehr frühes Rezept, vermutlich 14. Jahrhundert

Als Beilage zu Fleisch: Melonenscheiben in einer Soße aus Minze, Honig, Wein und Pfeffer servieren.

Melone

(aus: Lonitzer 1554)

Melonen-Suppe

15. Jahrhundert

Eine nicht so reife Melone halbieren, entkernen und schälen und das feste Fleisch in kleine Stücke schneiden. In Butter oder Hühnerfett rösten und durch ein Sieb passieren. Dann in Hühnerbrühe noch einmal aufkochen und grüne Stachelbeeren oder unreife Trauben zugeben. Einige Eier aufschlagen, etwas geriebenen Käse zugeben und unter die Suppe mischen. Servieren.

Melone in Zucker und Essig einzumachen

Kochbuch der Henriette Davidis, 1862

Melonen von mittlerer Größe
1 Liter Weinessig
750 g Zucker
4 g Zimt in Stücke geschnitten
weiße Pfefferkörner
einige Stücke eingemachter Ingwer
Etwas Zitronenschale
12 Nelken

'Read's Hybrid Scarlet Flesh' (aus: Album Benary 1877)

»Zum Einmachen eignet sich vorzüglich die Netzmelone, und mache ich hierbei auf mein Gartenbuch aufmerksam, in welchem die Kultur der Melone, sowohl im Mistbeet als im Freien, genau und zuverlässig mitgeteilt ist.
Die Frucht wird, wenn sie ihre Reife erhalten hat, doch nicht darüber hin, geschält, halb durchgeschnitten, mit einem silbernen Löffel das Mark herausgenommen, in fingerlange und breite Stücke geschnitten, in ein Einmachglas gelegt und mit Weinessig bedeckt.«

Hauswirtschaftslehre um 1900

»Es wird immer mehr üblich, die köstliche Melone auch bei uns zu kultivieren. Die Feinheit und Köstlichkeit der Frucht rechtfertigt dieses Beginnen voll und ganz.«

'Duke of Edinburgh' (aus: Album Benary 1877)

Melone mit Milch

1900

Eine frische Melone in leichtem Salzwasser weich kochen und passieren. Das Passierte in kochende Milch gießen, noch einige Zeit kochen lassen, frische Butter, Zucker und Zitronensaft zugeben.

Melonentorte 1

1900

Man macht einen Butterteig und legt Boden und Rand einer Springform damit aus. Frische Melonenspalten taucht man in Weißwein, dreht sie in Zucker, legt sie auf den Kuchen, macht darüber ein Gitter aus Butterteig oder Makronenmasse und bäckt die Torte im Ofen fertig.

'Canteluoup von Algier' (aus: Album Benary 1877)

Melonentorte 2

1900

Einen Mürbeteig mit Rand backen und auskühlen lassen. Melonenspalten in Läuterzucker mit Vanillegeschmack garen und in einem Sieb abtropfen lassen. Diese aufgefangene Flüssigkeit mit Zitronensaft abschmecken, mit Kartoffelmehl binden und kurz vor dem Kaltwerden auf den Mürbeteig geben. Ein Gitter aus Schlagsahne darauf spritzen und in die entstandenen Vierecke die Melonenspalten legen. Auskühlen lassen und servieren.

Moderne Rezepte

Nicht selten sind die Melonensorten auf unseren Märkten falsch ausgezeichnet. Wichtiger noch als die Unterscheidung der Sorten und ihrer Namen ist der rechte Reifegrad der Melone, der an ihrer Farbe leider nicht zu erkennen ist. Wenn die Melone köstlich duftet und am Blütenansatz auf leichten Daumendruck nachgibt, dann ist sie reif.

Ogen und Galia Melonen sind moderne Züchtungen aus der Kantalup Gruppe

Kalte Melonen-Suppe

2 reife Ogen-Melonen
250 g gekochte Krabben mit Schale
1 Eßlöffel Öl
1 Eßlöffel Zitronensaft
100 ml Weißwein
100 ml Fischfond
Pfeffer, Salz
Frische Minzeblätter

Krabben aus den Schalen lösen. Die Schalen in Öl anbraten. Weißwein und Fischfond zugeben und 4 Minuten kochen lassen und dann durch ein Sieb gießen. Die Melonen halbieren und entkernen. 3 Hälften in Stücke schneiden und pürieren. Mit dem Sud mischen, pfeffern, salzen, den Zitronensaft zugeben und kaltstellen. Aus der letzten Melonenhälfte kleine Kugeln ausstechen, mit den Krabben in die Suppe geben und mit den Minzeblättern garnieren.

Bunter Melonensalat

1 kleine Kantalup-Melone
1 Honigmelone
500 g Wassermelone
1 Kopfsalat
125 g grüne Trauben
4 Eßlöffel Apfelessig
4 Eßlöffel Traubenkernöl
Salz und Pfeffer
2 Eßlöffel Cognac
2 Eßlöffel süßer Weißwein

'Canteloup de Paris' (aus: Album Benary 1877)

Die Melonen halbieren und entkernen und aus dem Fruchtfleisch Kugeln ausstechen. Den Salat putzen und waschen, die Trauben halbieren und entkernen. Essig mit Pfeffer, Salz, Cognac und Weißwein mischen und das Öl unterschlagen. Die Sauce mit den Melonenkugeln, dem Salat und den Trauben mischen.
Dazu paßt roher Schinken aus Parma.

Melonen mit Zitronen-Sorbet

1 Ogen-Melone
1 Kantalup-Melone
Campari
Zitronensorbet

Kantalup-Melone 'Noir des Carmes' (aus: L'Album Vilmorin 1899)

Melonen halbieren und entkernen und aus dem Fruchtfleisch Kugeln ausstechen. Mit 8 cl Campari übergießen und gekühlt 1 Stunde ziehen lassen. Zitronensorbet in Schalen verteilen und die Melonenkugeln darauf verteilen.

Melonensalat mit Koriander

1 Galia-Melone
1 Zitrone
3 Eßlöffel Öl
1 ½ Eßlöffel Apfelessig
Salz und weißer Pfeffer
1 Eßlöffel Honig
1 Teelöffel Koriandersaat
½ Bund frische Korianderblätter
1 Eßlöffel geröstete Sesamsaat

'Gelbe Genetzte von Cavaillon' (aus: Album Benary 1877)

Die Melone achteln, entkernen und schälen. In 2 cm große Stücke schneiden und in dem Zitronensaft marinieren. Apfelessig, Salz, Pfeffer, Koriandersaat, Honig und Öl gut vermischen. Die Korianderblätter von den Stielen zupfen und hacken. Die Melonenstücke abtropfen lassen und auf einer tiefen Platte oder in einer weiten Schüssel mit der Sauce und den Korianderblättern mischen. Zuletzt den gerösteten Sesam darüber streuen.

Melonen mit Rettich und Pfefferschoten

1 Ogen-Melone
1 kleine rote Pfefferschote
1 kleine grüne Pfefferschote
300 g Rettich
50 ccm trockener Weißwein
3 Eßlöffel Öl
Salz und Pfeffer

'Skillman's Feine Netzmelone' (aus: Album Benary 1877)

Pfefferschoten waschen, putzen und sehr fein würfeln. Rettich schälen und grob raffeln. Aus Weißwein, Salz, Pfeffer und Öl eine Sauce aufschlagen, Pfefferschoten und Rettich unterheben.
Melone halbieren, entkernen und in je 5 Spalten schneiden. Das Rettich, Pfefferschoten und Sauce-Gemisch darauf verteilen.

Melonenbowle

1 Kantalup-Melone
1 Honigmelone
2 Eßlöffel Zucker
6 cl Apricot Brandy
3/4 l trockener Weißwein
3/4 l trockener Sekt
Zironenmelisse

'Munro's Little Heath' (aus: Album Benary 1877)

Melonen halbieren und entkernen. Mit einem Ausstecher Kugeln aus dem Melonenfleisch stechen, mit Zucker bestreuen, mit Brandy beträufeln und mit Wein aufgießen. 5 Stunden im Kühlschrank ziehen lassen; kurz vor dem Servieren mit Sekt auffüllen und mit den Blättchen der Zitronenmelisse garnieren.

»So muß Fürstenspeise sein«

● Im 15. Jahrhundert scheinen die Bemühungen und die Geduld der Gärtner im nördlichen Europa durch neue Kreuzungen mit persischen und armenischen Pflanzen von Erfolg gekrönt gewesen zu sein. Nicht nur am Hof der Päpste wurden jetzt gute Zuckermelonen geerntet, auch am französischen Hof wuchs mit den Kulturerfolgen die Begeisterung für diese Früchte. Wie so oft, wird die Leidenschaft von hier weitergetragen an die anderen europäischen Fürstenhöfe.

Sprichwort

Träume von Melonen sind Träume vergeblicher Hoffnung.

● Den Melonen haftete stets ein Hauch von Luxus an. Man berief sich auf das 4. Buch Mose 11,5, wo es heißt, die Israeliten hätten dem göttlichen Manna die *kischuim* (Chate-Melonen) und *arbatichim* (Flaschenkürbis) Ägyptens vorgezogen, was Luther mit »*Körbis*« und »*Pfeben*« übersetzte.

● Paul Gerhardt (1607–1676) dichtete gegen die Unbescheidenheit:

»Ich erwähl ein Stückchen Brot /
Das mir wohl gedeihet /
Vor des rothen Goldes Koth /
Da man Ach! bey schreyet.
Schmeckt mir Speiß und Mahlzeit wol /
Und darf mein nicht schonen /
Halt ich ein Gerichtlein Kohl /
Höher als Melonen.«[4]

● Marc-Antoine de Saint-Amant (1594–1661) stellt in seinem Gedicht *Le Melon* (1631) die Melone als Bestandteil einer überfeinerten Hofatmosphäre vor:

»Was liegt in dieses Raumes Luft?
Welch süßer Mosch- und Amberduft
Läßt meinen Geist sich neu erweitern
Und macht mein Herz sich froh erheitern?
Ach Gott, ich falle in Ekstase,
Die Blumen etwa, die dort in der Vase
Fein ziern die Krone des Buffets
Sind sie wohl Grund dieses Effets?
Hat jemand Räucherwerk entzündet?
Nein, nichts ist's von den Sachen hier,
Mein Lieber, die du vorschlugst mir.
Was also ist's? Ich hab's entdeckt
In diesem Korb, voll von Konfekt
Ist's die Melone. (...)
O welcher Duft, was ist sie schwer,
Ich mach mich über sie gleich her!
Ein Messer, Kellner, sie zu schneiden;
Das Messer ist hineingeflogen,
Es ward die Hoffnung nicht betrogen.
Mein Gott! den Fall kann ich kaum fassen,
Muß kühnste Hoffnung nicht entlassen!
Wer sah je eine schön're Haut,
Wo Rot sich über Gelb aufbaut?
Bis Innen fest, das ist sie auch,
Nur wenig Körner sind im Bauch,
Und diese wen'gen, wenn ihr wollt,
Sind gleichwohl Körner gar von Gold.
Das Fleisch nicht trieft, die Schal' ist fein,
Ja, so muß Fürstenspeise sein.«

Kantalup-
Melone
(aus:
Kerner 1786)

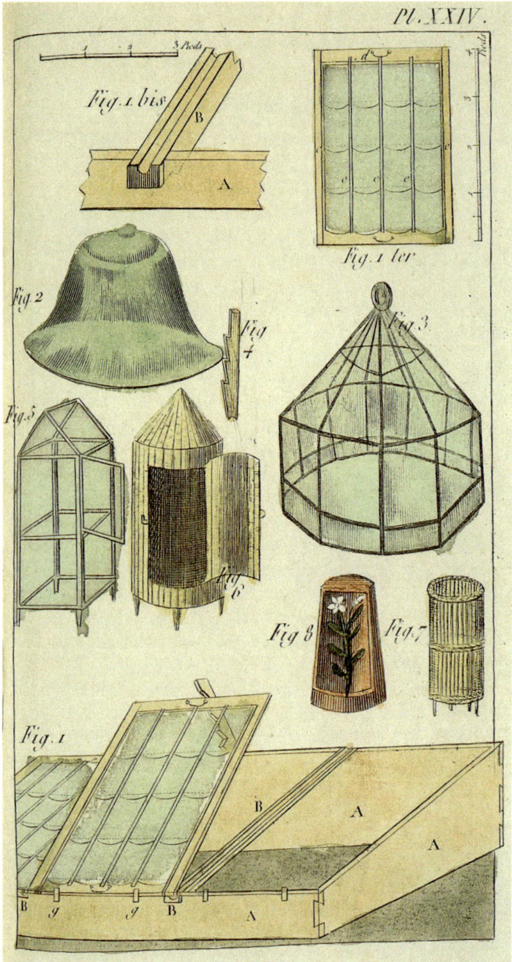

Verschiedene Glasglocken, Mistbeete und Kerbholz (aus: Le Bon Jardinier, 1839)

Gärtners Meisterstück – die Melone

Sprichwort

Kraftstrotzend wie eine Melone

Rasch wurden die Melonen zum Meisterstück der hohen Gartenkunst erklärt. Daniel Rhagor war 1639 der erste, der die französische Redewendung, nach der »*le Melon est la piece maitresse de tout le jardinage = die Melonen das Meister-Stück seyen des gantzen Gärtnerwercks*« benutzt und bemerkt, es gäbe »*kein löblicheres Pflantzen vnder allen Garten-gewächsen als die Melonen*«.[5] 1652 erklärt Bonnefons daß die Melonen die kostbarsten Früchte sind, die man im Küchengarten erzeugen kann. Elsholtz behandelt sie in seinem Gartenbuch von 1666 aus demselben Grunde an erster Stelle der Küchenfrüchte.

● Dabei äußern sich die Autoren des 16. Jahrhunderts zunächst kaum über Kulturverfahren. Fuchs z. B. sagt: »*Die Pfeben vnd Melonen wöllen auch ein wolgebawt erdtrich habe / deßgleichen auch vil sonnen.*« Mattioli sagt 1562: »*Daß sie aber wachsen / geschicht durch ein besondere kunst / die man in der Pflantzung braucht.*«[6] Mehr nicht.

● Nur durch Rückschlüsse aus späteren Quellen kann man rekonstruieren, wie bis ins 16. Jahrhundert beim Anbau der Melonen verfahren wurde. Der Ungunst des Klimas im nördlichen Europa begegnete man nur mit gutem Boden und warmen Mauern. Den später so viel verwendeten Mist als Wärmequelle lehnen Autoren wie Estienne & Liébault 1567 noch ab. Zur Verlängerung der Vegetationsperiode verwendete man Matten und Kegel aus Weidenruten oder Stroh.

● Hauptproblem auch für so geniale Gärtner wie Olivier de Serres bleibt die Kälte. Im Jahre 1600 gibt er zu: »*Es ist nicht ohne Schwierigkeit mit dem Abwarten der Melonen und Peponen, von wegen ihrer großen Zärtlichkeit, denn es ist dies das Gartengewächs, so am meisten die Kälte fürchtet, bei welcher es nicht kann leben.«*[7]

● Erst als Ende des 16. Jahrhunderts die Verwendung von Glas im Gartenbau möglich wurde, war eine wesentliche Erleichterung und Verbesserung der Melonenzucht erreicht. Im Rahmen des im 16. Jahrhundert unter den Fürstenhäusern beliebten Austauschs seltener Pflanzen schickte Landgräfin Sabina von Hessen-Kassel der Kurfürstin Anna von Sachsen 1574 Samen einer fremden Melone.[8] Stolz präsentierte der Fürstbischof von Eichstätt 1613 eine »*Wolriechend Zuckermelonen*« aus seinem Garten, die er ihrer Seltenheit wegen in seinem berühmten *Hortus Eystettensis* unter den Zierpflanzen des Herbstes verewigt wissen wollte.

Die Melonenglocken

Um den Jungpflanzen die nötige Wärme zu bieten, wurden Glasglocken verwendet, die bereits 1583 bei Jacques Pons erwähnt werden. Sie werden in der Gärtnerei früher eingesetzt als die Glasfenster, obwohl solche Verglasungen schon in der Antike bei Plinius und Martial erwähnt werden. Olivier de Serres berichtet ausführlich über die Kulturverfahren in der *melonnière*. Für die kalten Zonen Frankreichs lesen wir: »*Etliche ziehen diese Pflanze unter nördlichem Himmel mit großen Scharfsinn und wenig Mühe. Dies geschieht, indem man sie gegen die Kälte mit Glasbedeckungen schützt, welche die Kraft der Sonne weniger hindern, als sie dieselbe zum Nutzen der Pflanze verstärken.* [...] *Diese Bedeckungen sind große Hauben, unten*

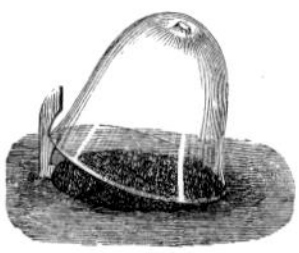

Verwendung des Lüftungsholzes (aus: Lange 1900)

Im Küchengarten des Malers, Gustave Caillebotte, um 1877

Glasglocke (Lauremberg 1632)

nach der Art von Glocken geformt, oder in Form des Helms eines Destillierkolbens ohne den Schnabel. Ihre Größe beträgt einen Fuß Durchmesser, damit sie den Graben der Melonerie bedecken, in den die Samen gesät sind, und die Stärke ist so groß wie es geht, um nicht so leicht zu zerbrechen [...]. *Ein anderer Vorteil dieser Bedeckungen ist, daß sie die Samen und die Ranken schützen gegen alle Feinde, die durch das Glas aufgehalten werden, so vor Angriffen von Ratten, Schnecken, Läusen, Ameisen und anderem Ungetier, das sie schädigt, wenn es herankommt.*«[9]

● Der dänische Architekt Søren Cock-Clausen, dem die Erforschung der Kulturverfahren unter Glas viel zu verdanken hat, nimmt an, daß die ersten Glasglocken aus den Glaswerkstätten Venedigs gekommen sind und daß sie, nachdem reisende Glasbläser in Böhmen, Thüringen und Lothringen Werkstätten gegründet hatten, auch hier produziert wurden.

● In Deutschland hat selbst der 30jährige Krieg die Einführung solcher Glasglocken nicht verhindern können. Peter Lauremberg aus Rostock zeigt 1632 eine gläserne Haube für Melonen, die oben in einen offenen Flaschenhals ausläuft. 1666 erwähnt Elsholtz, daß die obere Öffnung bei dem von Lauremberg vorgestellten Modell dazu diene, »*damit durch dasselbe der auffsteigende Dunst des Erdreichs außdämpffe.*« Dagegen fand der englische Gartenschriftsteller Hugh Platt es 1660 besser, wenn das Kondenswasser am Glas wieder hinabläuft und dem Boden zugeführt wird. Stärker verbreitet als dieser Typ mit Öffnung waren Glocken mit einem Knauf an der Spitze, der ein leichtes Auf- und Absetzen ermöglicht, ohne daß man sich die Finger schmutzig macht. Auch dieser Glockentyp ist bei Elsholtz abgebildet. Leider bricht der Knauf

Glasglocke (Liger 1706)

sehr leicht ab, weswegen die meisten der erhaltenen alten Melonenglocken heute keinen Knauf mehr haben. Manche Gärtner sollen die Knäufe auch absichtlich abgeschlagen haben, um die Glocken im Schuppen besser stapeln zu können.

● Elsholtz bildete neben dem beschriebenen Glockentyp als Alternative noch Glocken aus kleinen, bleiverglasten Scheiben ab, die heute als Nachbauten im Handel erhältlich sind. Sie waren in der Herstellung teurer als die erst genannten, aber man konnte sie im Schadensfall reparieren, und durch die längere Nutzungszeit lohnte sich die Mehrinvestition. In Frankreich findet man einige solcher Exemplare bis heute in Benutzung. Das Blei wurde wegen seiner geringen Stabilität später auch durch Kupfer oder Zinn ersetzt. Dieser Bautyp ließ sich gut vergrößern, und so entstanden erste kleine Treibhäuser. Bei größerer Höhe mußte die Konstruktion durch Stege aus Eisen gesichert werden. Man kann die bleiverglasten Melonenglocken als die Urformen der größten Palmenhäuser betrachten.

● Der Einsatz der Melonenglocken erforderte viel Fachkenntnis. Es kam darauf an, die Glocken im richtigen Moment aufzusetzen und abzuheben, damit die Pflanzen es nicht zu kalt oder zu warm hatten. La Quintinye beschreibt 1669 das Anheben der Gläser mit nicht näher bezeichneten »*Haken*«. Im 19. Jahrhundert verwendete man Kerbhölzer, mit deren Hilfe die Glocken in verschiedenen Graden angehoben werden konnten. Man konnte zum Lüften aber auch kleine Blumentöpfe unter die Glocken setzen, wie dies der Maler Caillebotte in seinem Garten zu Yerres praktizierte und im Bild festhielt.

Melonenglocken (aus: Elsholtz 1672)

Kerbholz (aus: Lange 1900)

● Von den preußischen Hofgärtnern erwähnt nach Elsholtz 1666 erst 1837 Theodor Nietner aus Schönhausen wieder die Melonenglocken. Er verwendete 10 Zoll weite Glocken und drei Kerbhölzer pro Glocke. *»Dadurch, daß die Glocke gleichsam schwebend über der Pflanze gehalten wird, haben die Seitentriebe Raum genug, sich ungehindert auszubreiten und zu verlängern, welches, wenn die Pflanzen erst einmal eingewurzelt sind und sich mit der äußern Luft befreundet haben, außerordentlich schnell und kräftig geschieht.«*[10] Die Glocke blieb über dem Herzstück der Pflanze, auch wenn die Ranken längst darunter herausgewachsen waren.

● Liebhaber suchen heute nach den alten Glocken oder erwerben die teuren Nachbildungen, statt die heute üblichen Tunnel aus Plastikfolie zu verwenden. Seit Neuestem gibt es auch teure »Solarglocken aus festem Recyclingkunststoff mit einstellbaren Luftventilen«.

● Aus Stroh oder Weidenruten gearbeitete Glocken dienten zur Beschattung der Sämlinge bei zu starker Sonneneinstrahlung, und außerdem zum Schutz der Glasglocken bei Frost und Hagel. In der Fachliteratur sind sie bei Lauremberg, Elsholtz und Liger abgebildet.

● Der billigste Schutz für Melonen waren Glocken aus Ton. Ihr großer Nachteil war jedoch die Lichtundurchlässigkeit. Daher konnte man sie nur als nächtlichen Kälteschutz gebrauchen (Bonnefons 1652).

Verwendung des Kerbholzes (aus: Lange 1900)

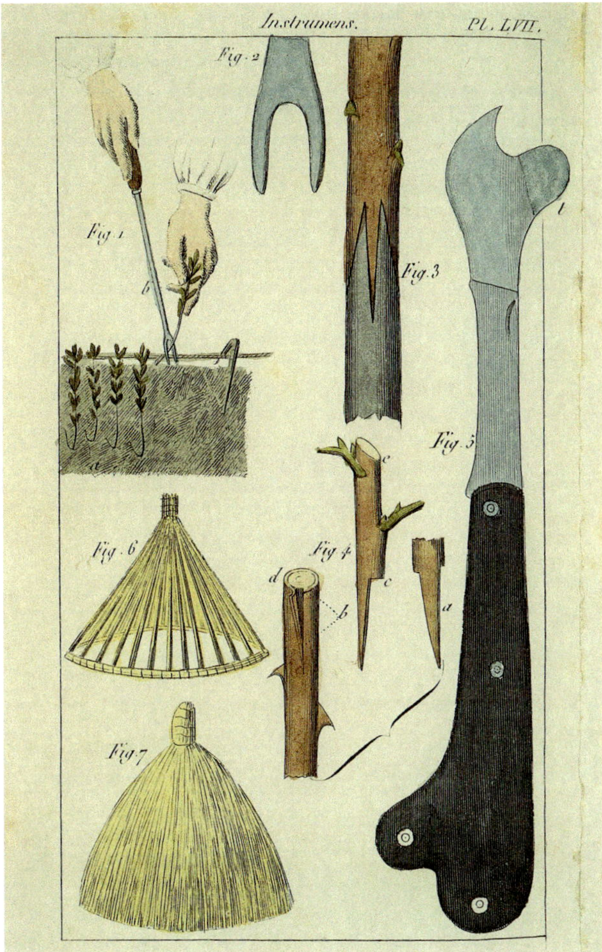

Strohhauben für Glasglocken, sowie andere Gartengeräte (aus: Le Bon Jardinier 1839)

Wann die sogenannten Mistbeete erfunden wurden, ist nicht bekannt. Eine erste Abbildung findet sich 1577 bei dem englischen Gartenautor Thomas Hill.

● Ein Beet im Freien, möglichst etwas schräg an einer warmen Südmauer angelegt und mit einer Lage frischen Pferdemists bedeckt, der ein Fuß stark unter der Vegetationsschicht eingebracht wird, gilt nun als das ideale warme Bett für Melonensamen.

● Johann Cöler beschreibt 1595 als erster deutscher Autor die Mistbeetkultur für Gurken, Kürbisse und Melonen: »*Man machet eine viereckichte Grube nach dem geheuse / wie dasselbe formiret ist / wenn das geheuse viereckigt ist / so macht man das Grüblein auch viereckigt / wie einen Tisch / ist es rund / so macht mans auch rund / vnd machts etwan einer halben Ellen tieff / vnd anderthalb vierteln einer Ellen breit / vnd lege viel guten Mist drein / vnd scharret oben wider der ausgegrabenen Erden drauff / vnd klopffet die Rasen fein aus / weiche die Kerne einen tag oder drey ein / vnd stecke sie das die spitze nach vnten kömpt / wenn sie herauffer wachsen / so mus man sehen / das das geheuse / darüber sie wachsen sollen / wol verwahret sey / denn es bekömpt zimlich schwer zu tragen / vnd mus man die Rancken immer mit Fadem anbinden / das die Zweige nicht zubrechen.*«[11]

Melonenkasten (aus: van der Groen 1669)

● Wir fanden das Wort »*Mistbeet*« zuerst bei Georg Viescher, der 1648 ein »*Mistbett oder Hochbett*« für Blumen beschreibt. Laut Elsholtz nannten einige das »*Mist-Bett*« im Küchengarten auch »*Melonen-Berg*.«[12] Nach Viescher wurde das Beet nachts und an kalten Tagen mit Holzläden oder Strohmatten abgedeckt, zur Not auch mit grobem Tuch, in das Stäbe eingenäht waren. Die damals modernste Variante waren Läden, die mit Ölpapier bespannt waren. Glasfenster, die mit hohen Herstellungskosten verbunden waren, wurden erst in der zweiten Hälfte des 17. Jahrhunderts verwendet, zuerst mit Butzenscheiben, schließlich auch mit Tafelglas. Die Fenster wurden meist schräg aufgesetzt. Der Fortschritt läßt sich anhand der ersten beiden Ausgaben des Gartenbuchs von Elsholtz (1666 und 1672) beobachten.

● 1666 zeigt Elsholtz das aus Lauremberg kopierte flache Mistbeet und die Strohmatte. Als neue Alternative fügt er einen Abdeckungsrahmen hinzu, der mit Butzenscheiben gefüllt ist. 1672 sind statt dieser Darstellungen zwei schräge Mistbeetkästen, »*wie ein Bücher-Pult formiret*«, abgebildet. Das eine ist wahlweise mit Holzläden, Glasfenstern und Strohmatten abgedeckt, das andere, noch moderner, besteht allseits aus Glasscheiben. Es hat ein kleines Fenster zum Lüften. Bei Frost-

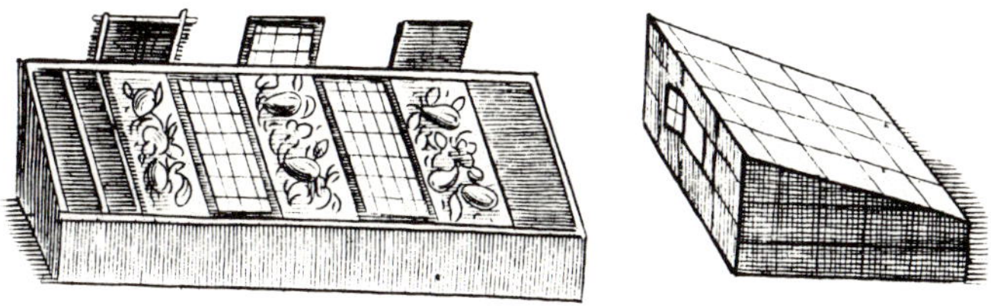

Ein »Mist-Bett oder Melonen-Berg, theils mit hölzernen Thüren / teils mit Fenstern / teils mit Rohr-Decken versehen« und allseitsverglaste Mistbeethaube (aus: Elsholtz 1672)

gefahr kann am inneren Rand des Kastens Mist geschüttet werden, wie es bei Böckler 1687 zu sehen ist.[13]

● Die Gärtner, etwa Heinrich Hesse in Gottorf, experimentierten seitdem viel, um die Frühbeettechnik weiter zu verbessern, noch mehr Sonne einzufangen und noch mehr künstliche Wärme zuzuführen. Die Mistbeete konnten sich auf diese Weise zu großen Treibhausanlagen entwickeln. Die ursprüngliche niedrige Form, seit dem 18. Jh. stets oben verglast, hielt sich jedoch weiterhin.

● Ein weiteres besonderes Hilfsmittel bei der Kultur der Melonen erwähnt Cöler. Er bemerkt, daß man bei »*Plutzern oder Melonen*« anders als bei den Gurken »*einer jedern ein bretlein vunterlegen mus/das sie nicht faulen.*« Bonnefons nahm hierzu Ziegelsteine, auch im Hinblick auf die zusätzliche Wärmespeicherung, denn schon ein einziger Ziegelstein verbessert in seiner engsten Umgebung das Mikroklima. Andere erreichten mit Ziegeln oder glatten Natursteinen wie Schiefer einen ähnlichen Effekt.

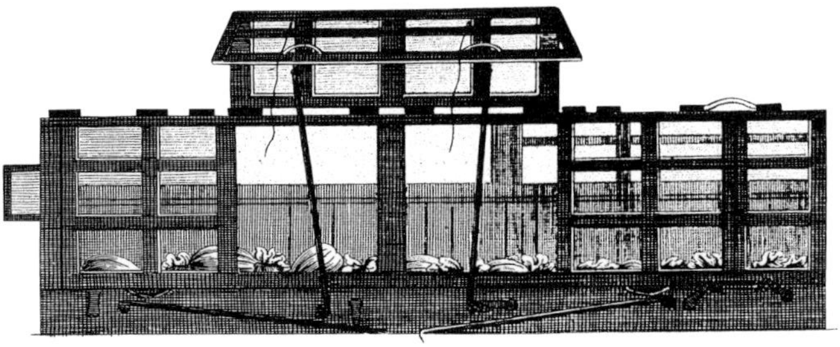

Melonenkasten nach Liger 1763 (aus: ATGM 1808)

Der Melonenverpflanzer

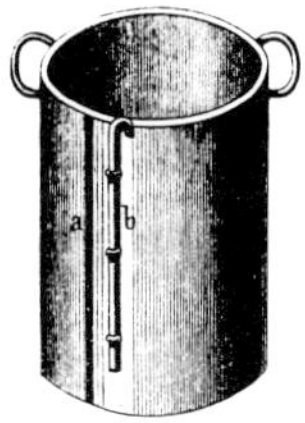

Melonenverpflanzer (aus. Tatter 1879)

›Melonenverpflanzer‹ sind Blechrohre mit Griffen, mit denen man Sämlinge samt Ballen ausheben kann, ohne die Wurzeln freizulegen und zu beschädigen. Ein solches Gerät wird erstmals 1614 in Crispin van de Passes *Hortus Floridus* abgebildet, wo es zum Verpflanzen blühender Tulpen dient. Eine verbesserte Form findet man bei Giovanni Battista Ferrari 1633. Weiter kommt der Verpflanzer bei Hans Rasmusson Block 1647, Elsholtz 1666, Jan van der Groen 1669, Heinrich Hesse 1690, Louis Liger 1700 und Volkamer 1708 vor. Bei Elsholtz heißt er »*Heber*« und wird vor allem zum Verpflanzen der Melonen gebraucht. Hesse beschreibt seine Funktion: »*Der eine wird aus Eisen gemacht/und wird gebraucht/als Tulipanen/Nelcken/Leucojen, Melonen oder was man mehr wil ausnehmen/fein in die Mitte kommen/hernach gräbet man mit dem Spaten die Erde zur Seiten aus/biß man unter den Böhrer kommet/und hebet alsdenn den Böhrer mitsamt der Erd: und Gewächs aus/und verpflantzet es an einen andern Ort* [...], *so werden solche Gewächse/ob sie schon in denen heissesten Sommer-Tagen ausgenommen/wohl wachsen und fort-kommen* [...]. *Es ist eine feine Invention von denen Holländern erst erfunden.*« Noch Theodor Nietner erwähnt 1837 den »*Verpflanzer*« nebst Abbildung.[18] Heute vermissen wir ihn sowohl in Sammlungen als auch im Handel.

Gärtner mit Melonenglocke (aus: La Quintinye 1697)

Vorbild für die Fürstenhöfe des 17. Jahrhunderts in ganz Europa war der mächtige Ludwig XIV. auch mit seiner Gartenleidenschaft. Im Küchengarten zu Versailles spielte die Melonenkultur eine wichtige Rolle. Sein berühmter Gartendirektor und Autor wichtiger Gartenbücher, Jean de La Quintinye, war im Jahre 1688 in der Lage, dem Hof täglich hundert Melonen zu liefern, wie der Reisende Nicodemus Tessin d. J. berichtet.

● Auch in Versailles ist es nicht warm genug, um Melonen unter freiem Himmel zu kultivieren. »*Indem die Melone eine der hervorragendsten Früchte ist,*« heißt es im *Nouveau traité de la culture des melons,* das (Amsterdam 1697) als anonymer Anhang zu La Quintinyes Buch erschien, »*ist sie auch eine der am schwierigsten kultivierbaren. Sie braucht einen bestimmten Grad von Wärme und Feuchtigkeit; man muß die Stellen, wo man sie aussät, auf eine ganz bestimmte Weise vorbehandeln; manchmal will sie bedeckt sein, und manchmal will sie frische Luft. Schließlich kann man sagen, daß es keine in diesem Land übliche Pflanze gibt, die mehr Sorgfalt erfordert und höhere Anforderungen an diejenigen stellt, die ihr Vergnügen in der Gärtnerei finden.*«

● Dank zweier Briefe, die La Quintinye 1669 an einen Herrn Oldenburg, den Konsul der Hansestadt Bremen in London, richtete, wissen wir, wie er selbst die Melonen kultivierte. Diese Briefe erschienen zuerst auf lateinisch in den *Acta Philosophica Societatis Regiae in Anglia.* Der Verleger Johann Ludwig Gleditsch brachte sie 1705 in der *Neuen Unterweisung zu dem Blumen-Bau* auch auf Deutsch heraus. Sie beweisen, daß

Sprichwort

Melonen sind der höchste Luxus dieser Welt

La Quintinye, von Beruf Jurist, sich bereits lange, bevor ihm Ludwig XIV. die Leitung seines Küchengartens übertrug, mit Gartenbau befaßte.

● La Quintinye führt aus: »*Ich befeuchte die Erde bey den wärmsten Wetter in jeglicher Woche zwey oder dreymahl / und zwar solches nach der Sonnen untergang und pflege meine Melonen mit einer von stroh zugerichteten Decke / von der 11. Stunde biß zu der andern (am) Nachmitage / in welcher Zeit die Sonne allzu heiß brennet / und gar zu geschwinde die nothwendige Fruchtigkeit / der Wurzel verzehre / zu bedecken. Denn wenn es regnet / so bedecke ich meinen Melonengarten / damit nicht die allzuviele Feuchtigkeit meinen Früchten schaden möchte.*«[15] Weiter beschreibt er das ständige Beschneiden der Pflanze vom Sämlingsstadium mit vier Blättchen angefangen. Täglich dreimal, früh, mittags und abends, muß man den Melonengarten durchgehen und die Pflanzen und Früchte beobachten. Er legte Oldenburg ein Paket mit Samen von zwei Melonensorten bei, die er besonders bevorzugte: »*Die einen haben eine weißliche Schale, die anderen sind schieferfarben.* [...] *Diese beiden Sorten sind die einzigen, derer ich mich bediene, nachdem ich mehr als hundert verschiedene Sorten ausprobiert habe in den zwanzig Jahren, seitdem ich sie kultiviere.*«[16]

● Auch für Elsholtz ist die Melonenkultur »*das beste Meisterstück der Gärtnerey in diesen Nordländern*«. Er behandelt die Melonenkultur 1672 offenbar in enger Anlehnung an La Quintinye, ihre Anzucht im Mistbeet, ihr Ausheben mit dem Melonenverpflanzer, ihr Verpflanzen ins freie Land. Bei ihm dürfen sie von 10 bis 16 Uhr unbedeckt stehen, sonst, sowie bei schlechtem Wetter, werden sie mit Glasglocken geschützt.

Polignac-Melone (aus: Brookshaw 1812)

Eindrucksvoll beschreibt er das Abpassen des rechten Erntezeitpunkts: »*so muß man des Tags zum wenigsten zweymal den Melonen-Garten besuchen: sonst überreiffen sich etliche leicht / werden weich / und voll Wassers / sonderlich die kleinen Zucker-Melonen. Man erkennet aber / daß die Melonen gut seyn abzunehmen / aus folgenden Zeichen. 1. Wan es scheinet / daß er Knopff sich von dem Leibe der Frucht ablösen will. 2. Wan die kleine Rancke / daran der Knopff sitzet / vertrucknet. 3. Wenn die Frucht beginnet unten gelb zu werden / und 4. einen Geruch zu geben. Die aber täglich mit dergleichen ümbgehen / haben diese Kentniß am Gesicht / und wissen sie zu unterscheiden an Veränderung der Farbe / wan sich eine Gelbe zwischen den Rippen zeiget.*«[17]

● Weil heute zwischen Ernte und Verzehr der Melonen viel mehr Zeit und Raum liegen, kann man ihr im Barock gepriesenes exquisites Aroma nicht mehr im vollem Umfang erleben.

Grüne Stangenmelone (aus: L'Album Vilmorin, 1899)

Ein lehrreiches Gespräch über den Melonenbau

Noch heute befindet sich in der Bibliothek Friedrichs II. in Sanssouci ein Werk, *Le Spectacle de la Nature*, das siebenbändige Naturkundebuch des Abbé Pluche (1681–1761), in dem alle Fragen des Gartenbaus behandelt werden, darunter auch der »*Melonenbau*«.[18] Der Text erschien erstmals 1735 und ist in Form eines Dialogs unter vornehmen Herren des Rokoko gehalten:[19]

- »Der Chevalier. *Wir wollen auf die Melonen kommen, wenn Sie belieben.*
- Der Prior. *Sie übergehen die Gurken, Citrullen und den Türkenkürbis. Indessen sind sie nicht zu verachten. Man bereitet Suppen daraus, Ragouts, Gebacknes und Arzneyen. Man gehet mit ihnen ganz ähnlich um wie mit den Melonen, ausgenommen, daß man sie nicht mit so großer Vorsichtigkeit beschneidet. Die Melone ist eine der vollkommensten Früchte des Küchengartens und eine der delikatesten Erfrischungen, welche die Natur, stets auf unsere Bedürfnisse achtend, uns während der Zeit der großen Hitze gewährt hat. Um sie mit Erfolg anzubauen, wählt man eine gut geschützte Lage gegen Mittag, die man mit Strohdecken wohl verwahret. Man setzt die Beete bis auf einen Fuß zusammen, um des Anwärmens willen, und füllt den Raum dazwischen von Zeit zu Zeit mit frischem Miste. Man bestreuet die Beete 8–9 Zoll hoch mit sehr guter Mist-Erde, den man am besten mit schwarzem Sand mischt. Doch keine bloße Lauberde; sie muß fett sein. Man sät die Melonen ab Februar aus, ohne die Körner zuvor in Wein oder in Zucker einzuweichen. Solches wird bloß tun, wer Leuten nacheifern will, die von den Gärtnern betrogen wurden. Man leget alle-*

Kantalup-Melone (aus: Brookshaw 1812)

zeit die Körner zu viert oder fünft in ein Loch; die Löcher stehen zween Finger breit von einander, und werden nach der Schnur angeleget. Zwischen ihnen kan man gar wohl etwas kleinen Salat säen. Sobald die jungen Melonen einige Blätter haben, so verpflanzet man sie auf ein ander Beet, und setzet allezeit fünf oder sechs unter eine Glocke, die man mit Strohhauben bedeckt, um sie vor Frost und Sonnenbrand zu schützen, welcher für sie tödlich wäre. Ist das Beet allzu hitzig, so sticht man hier und da mit einen Stocke ein Loch hinein, daraus die überflüssige Hitze entweichen kann. Wenn sie stark geworden sind, so nimmt man sie aus dieser Zucht-Schule fort, und setzt sie benebst ihrer Wurzel-Erde auf ein drittes Beet, zween Fuß weit eine von der andern. Die Ranken kan man durch Abbrechen der Spitzen am Wachstum hindern, auch die allzuvielen Schößlinge benehmen, damit das übrige desto besser zunehme. Aber es ist eine mehr schädliche denn nützliche Gewohnheit, wann man gleich anfänglich die beiden Keimblätter abreisset und auch hernach die männlichen Blüten, welche man, aus einem Irrthume, falsche Blüthen nennet. Diese Stücke sind nicht gar vergebens an der Pflanze gewachsen. Sie wissen bereits, Chevalier, was für wichtige Dienste sie leisten, und danach von selbst verwelken. ohne daß der Mensch der Natur zu Hülfe kommen, oder ihre Ordnung verändern müßte, nicht anders, als ob sie nicht wüßte,was sie zu thun hätte.

● Der Chevalier. *Geschiehet aber dieses nicht in eben der Art, wenn man die Früchte an einem Baum ausmustert und ihre allzu überflüssige Menge mindert?*

● Der Prior. *In diesem Falle wird die Natur keineswegs gemeistert. Der Mensch hat die freye Wahl, und sind ihm wenige, aber sehr gute Früchte lieber, als eine große Menge mittelmäßiger, so darf er zweifelsohne einen Theil wegnehmen, damit das übrige desto besser gerathe. Auf diese Weise verfähret man ganz zur Recht bei den Melonen. Ist man versichert, zwei bis drei gut geformte Exemplare an einer Pflanze zu haben, so nimmt man alle übrigen weg, damit die auserlesene geringe Zahl desto besser gedeihe. Sobald die Nächte gelind werden, hebt man die Glocken ab, und überlässet der freyen Luft und dem öftern Begießen die Beförderung des Wachsthumes. Hat die Melone die Größe einer Faust erreichet, so begießet man sie nur noch einmal alle drei Tage. Erlanget sie schließlich ihre völlige Größe, so wird sie gar nicht mehr begossen, denn der Wasser-Mangel giebt ihr einen süssern und weinhaftigern Geschmack, dahingegen das viele Wasser ihren Saft zu sehr schwächet.«*[20]

Die Melonerie-
gebäude
von Sanssouci
1927

König Friedrich und die Melonen

In Neuruppin ließ Friedrich II., noch als Kronprinz, seinen ersten eigenen Garten anlegen, zu dem bereits Nutzanlagen gehörten. Er benannte den Garten nach der Nahrung, Fülle und Reichtum symbolisierenden griechischen Nymphe Amalthea. Hier gab es nicht nur eine Orangerie und viele der von Friedrich so geliebten verschiedenen Obstbäume, sondern auch Melonen. Von deren Anbau zeugt eine Passage aus einem Brief Friedrichs vom 22. Juni 1737 an seinen Vertrauten Suhm: »*Ich reise am 25. nach Amalthea, meinem lieben Garten in Ruppin, und brenne vor Ungeduld, meinen Weinberg, meine Kirschen und Melonen wiederzusehen*«.[21] Für die Rheinsberger Zeit fehlt zwar ein direkter Beweis für die Kultur von Melonen, doch darf man sie mit großer Wahrscheinlichkeit vermuten.

● Nach dem Regierungsantritt Friedrichs 1740 sollte die Nutzgärtnerei einen ungeahnten Aufschwung erleben. Herzstück des Parkes Sanssouci war eine gärtnerische Produktionsstätte rund um den 1744 entstandenen Weinberg.

● Die davor liegenden Terrassenstufen wurden, ähnlich wie bei dem benachbarten Weinberg, als »*kalte Treibmauern*« (ohne künstliche Heizung) genutzt[22]. Hier wuchsen nachweislich die ersten Melonen. Diese Anlage wurde, als sie dem Bau der Bildergalerie mit dem davor liegenden Ziergarten weichen mußte, verlagert und unter Nutzung aller wiederverwendbarer Materialien hinter dem westlichen Hofgärtnerhaus von Knobelsdorff unterhalb von Sanssouci wieder aufgebaut.[23] Dieses Gelände trägt seitdem den Namen Melonerie, was übrigens eine Potsdamer Wortschöpfung ist. Auch auf

Voltairezimmer
Schloß Sanssouci
Wanddekoration
von
J. C. Hoppenhaupt,
1753

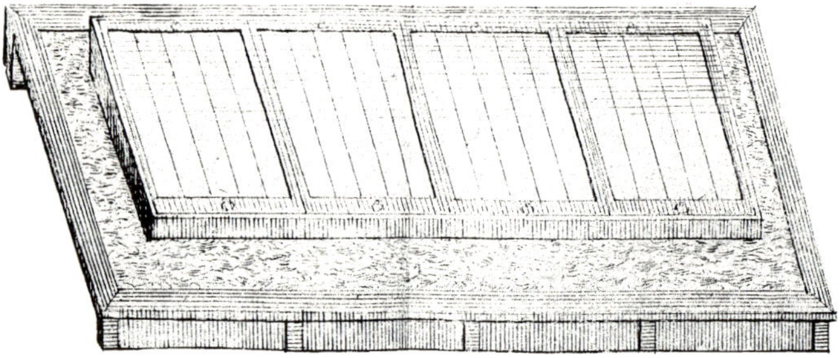

Mistbeet (aus: Salzmann 1787)

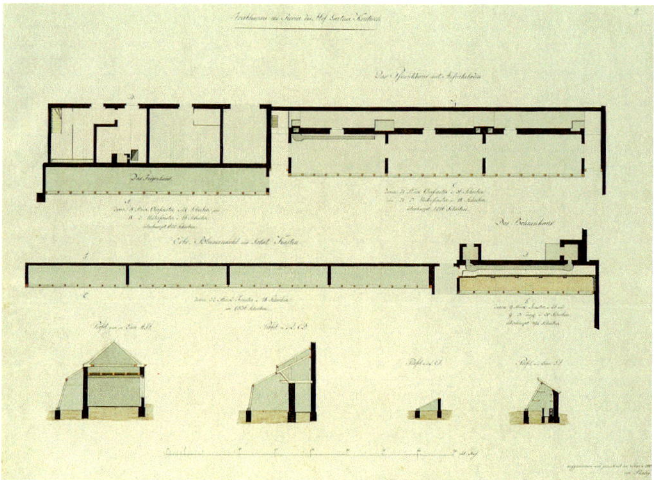

Die Pfirsichhäuser und Blumenkohlkästen in der Melonerie von Sanssouci dienten wahrscheinlich auch zur Melonentreiberei. (Zeichnung von 1810)

dem 1763 terrassierten Winzerberg östlich des Obelisken entstanden Melonenkästen.

● Daneben wurden Pfirsiche, Pflaumen und Erbsen getrieben. Der aus Hessen kommende Hofgärtner Johann Heinrich Krutisch betreute dieses Revier von 1754 bis zu seinem Tode 1766. Danach übernahm es sein älterer Bruder Philipp Friedrich Krutisch (1713–1773), der erste Gärtner in Sanssouci.

● Aber nach Streitereien, vor allem mit seinem ehrgeizigen Gesellen Friedrich Zacharias Salzmann, beschränkte Friedrich II. schon 1767 sein Revier auf die Melonerie, den Winzerberg und ein Boskett, während er Salzmann zum Hofgärtner im zentralen Terrassenrevier ernannte. Damit gab sich Salzmann nicht zufrieden, sondern publizierte gar noch über die Melonenkultur, die er selbst gar nicht betrieb.

● Auch Melonenbäume wollte Friedrich in seinen Gewächshäusern haben, um sich am süßen Geschmack der Papaya (*Carica papya,* auch ›Melonenbaum‹ genannt) aus Südamerika zu erfreuen. Salzmann schreibt 1786, daß neun Jahre zuvor mehr als sechzig Exemplare gekauft worden seien. Der König scheute offenbar keine Kosten zu ihrer Beschaffung. 1783/84 zahlte er für 32 peruanische Melonenbäume 152 Reichstaler.[24] Sie kamen in das 1761 erbaute, sogenannte Pisanghaus westlich der Hofgärtnerhäuser.

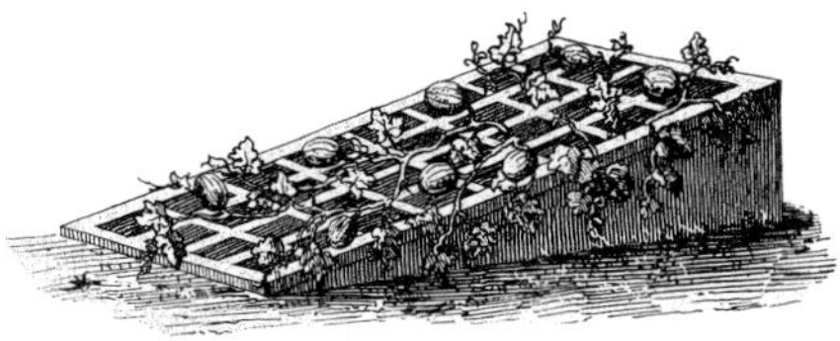

Melonenmistbeet (aus: DMGB 1853)

Voltairezimmer Schloß Sanssouci

Wanddekoration von J. C. Hoppenhaupt, 1753

Melonen im Schloß Sanssouci

● Nicht nur im Garten, auch im Schloß von Sanssouci spielen die Melonen eine wichtige Rolle. Die Früchte des Gartens fallen aus dem Füllhorn der Göttin Pomona, die von der Decke des Vestibüls grüßt, und sie sind auf Fußböden, Wänden, Bildern und Möbeln des Schlosses dekorativ verewigt.

● Unter ihnen kann der aufmerksame Beobachter eine erstaunliche Menge vielgestaltiger Melonen und Kürbisse entdecken, diesen Symbolen unendlicher Fruchtbarkeit, ewiger Regeneration und paradiesischer Glückseligkeit. Oft werden sie ergänzt von dionysischem Weinlaub und Trauben.

● Von der Rolle der Melonen in Friedrichs Alltag zeugt ein hübscher Brief, der kürzlich im Antiquariatshandel auftauchte. Friedrich schrieb am 16. Juli 1766 aus Sanssouci an seinen ehemaligen General und jetzt auf einer Pfründe als Dompropst in Brandenburg dahinkränkelnden Heinrich August de la Motte Fouqué (1698–1774): »*Ich habe Ihnen zwar einen Arzt zugeschickt, da ich aber weiß, daß Sie sich dessen nur so obenhin bedienen, so übersend' ich Ihnen Melonen, mein lieber Freund! die vielleicht mehr nach Ihrem Geschmack seyn werden. Der Arzt behauptet, daß Sie die Aderlaßzeit übergangen haben, und daß eine kleine Verminderung Ihrer Blutmasse Ihnen viel Erleichterung verschaffen würde. Niemand nimmt mehr Antheil an Ihrer Erhaltung als ich. Es wird Sie daher nicht befremden, daß ich mich so in das Umständliche Ihrer Gesundheitsangelegenheiten einlasse, und auf alles das meine Aufmerksamkeit richte, was die Lebensverlängerung meines alten treuen Freundes betrifft. Leben Sie wohl, mein Lieber! ich umarme Sie.*«

Tür zum Arbeitszimmer, Schloß Sanssouci

● Dem Brief waren zwei königliche Melonen beigefügt. Friedrich hat den an Lendenschmerzen leidenden Freund mehrfach mit Früchten aus seinem Garten versorgt. Der gesandte Arzt Cothenius wurde gut bewirtet, aber »*ihm wenig Zeit gelassen, sich nach dem Befinden des Patienten zu erkundigen. Daher er mit dessen Folgsamkeit und Diät nicht recht zufrieden war*«. Fouqué bediente sich zwar der verordneten Bäder und ließ jährlich zweimal zur Ader, zog aber Kirschen und Melonen den Medizinalpflanzen vor.[25]

Notenpult, Musikzimmer Schloß Sanssouci

J. J. Krutisch

Die Melonerie in Sanssouci wurde 1773 Friedrich Krutischs Neffen Johann Jakob (1749–1817) übergeben. Er wurde bereits mit 24 Jahren Hofgärtner und führte die Familientradition als Melonenbauer 44 Jahre lang fort. Er war sowohl um beste Qualität der gärtnerischen Arbeit als auch um technische Modernisierung bemüht.

● Auch unter Friedrich Wilhelm II. wurde die Melonen Treiberei stets fleißig betrieben, »*weil des Königs Majestät äußerst gute Melonen forderten, und bei dem geringsten Mangel sehr ungnädig waren.*« Gartendirektor Johann Gottlob Schulze schreibt weiter, die friderizianischen Anlagen wurden unter Friedrich Wilhelm II. »*ao. 1793/94 mit 60 Stück Mistbeetfenstern und Kästen vermehrt, so daß sie überhaupt 400 Fenster enthielt. Rechnet man auf jedes Fenster 3–4 Früchte, näml. Melonen und Angurien* [Wassermelonen], *so könen deren jährlich wenigstens 1200 Stück erzogen werden, wovon jedoch gute Sommermelonen abgehen, die der Gärtner an sich behält.*«[26] Unter diesen ›Mistbeetfenstern‹ muß man sich gewöhnliche, mit Fenstern abgedeckte Mistbeete vorstellen. Die ›Kästen‹ dagegen waren begehbare, kleinere Glashäuser, die zum Frostschutz in die Erde eingesenkt waren. Zur Erwärmung wurde Mist benutzt, der seit 1796 durch eine Kanalheizung ersetzt wurde. Schulze schreibt, Friedrich Krutisch habe »*vorzüglich den Dünger aus Jung-Vieh* (Kälber)*-Ställen*« benutzt und damit Melonen »*von ungemeiner Größe, Güte und Schwere*« produziert.[27]

● Friedrich Wilhelm III. ernannte 1817 Krutischs Sohn und Schüler Friedrich Jakob (1778–1833) zum Hofgärtner. 1822

Sprichwort

Ein Kürbis wird so groß, wie das Gefäß in dem man seine Samen zum Säen trägt.

gehörte er zu den Gründungsmitgliedern des Berliner Gartenbauvereines und war hier auch Mitglied im Treibereiausschuß. Schon im Gründungsjahr legte Friedrich Jakob Krutisch dem Verein eine Melone von vorzüglicher Größe vor.

● Nicht nur auf den Terrassen rund um Schloß Sanssouci wurden Melonen gezogen. Auch in anderen königlichen Gartenrevieren arbeiteten im Anbau von Melonen erfahrene Gärtner. Joachim Heinrich Voß, noch unter Friedrich Wilhelm II. 1796 zum Leiter des Küchengartens (Marlygartens) bestellt, veröffentlichte Artikel über Melonen-, Gurken- und Champignontreiberei. Im Juni 1823 legte er den kritischen Kollegen des Gartenbauvereines erstmals zwei »*treffliche Melonen*« aus eigener Produktion zur Begutachtung vor.[28] Er unternahm zahlreiche Kulturversuche, unter anderem zur Keimfähigkeit von Melonensamen,[29] zur Einführung neuer Melonensorten oder zu Hilfsmitteln beim Anbau.

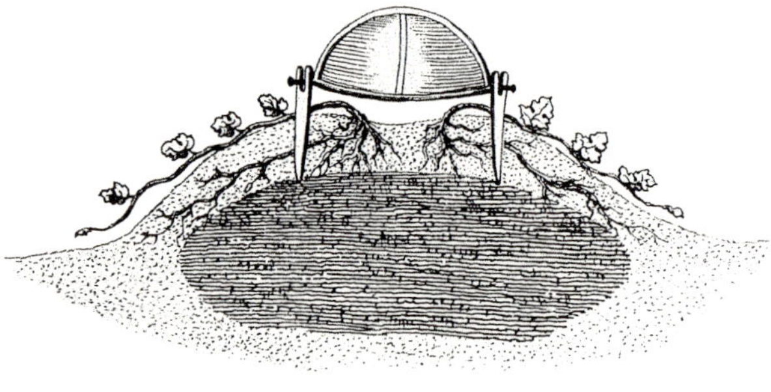

Freilandmelone wächst aus der Glocke (aus: DMGB 1853)

Ebenso beteiligte sich Carl Fintelmann (1794–1866) vom Revier am Neuen Palais am jährlichen Wettbewerb um die besten Melonen, obwohl sie bei ihm kein Spezialgebiet waren.

● In den *Verhandlungen* des Jahres 1835 schrieb er zum zweckmäßigen Verpacken verschiedener Obstsorten über Melonen: »*Die Länge der Dauer* [Haltbarkeit] *im schmackhaften Zustande läßt sich bei dieser Frucht nicht bestimmt angeben, indem solche immer von der Witterung und Sorte abhängt, weshalb es der Einsicht des Absenders überlassen bleiben muß, den richtigen Zeitpunkt zum Verpacken zu wählen. Kleine Früchte von 4–8 Pfund können zu mehreren in eine Kiste gepackt werden, die größeren von 10–20 Pfund ist es besser zu einer jeden einen besonderen Korb oder Kiste zu wählen. Eine große Vorsicht ist überhaupt dabei nicht erforderlich, wenn man nur dafür Sorge trägt, daß die Früchte nicht warm eingepackt werden, im Behälter gehörig fest liegen und nicht eine die andere stark drückt. Damit die Schaale durch Schrammen nicht die Farbe verliere, werden die Früchte jede einzeln in festes Papier gehüllt und dann im Kasten mit geruchlosem Moose, Heu oder Stroh recht fest gepackt. Bei den frühen, zarten Melonen nimmt man gewöhnlich Werg zum Festpacken, weil dies weicher ist als obige Stoffe. Daß die Kisten nicht von zu dünnen Brettern angefertigt werden dürfen, bedarf wohl keiner Erwähnung, denn die Schwere der Früchte wäre sonst leicht im Stande, bei weiten Sendungen auf nicht in Federn hängenden Wagen dieselben zu verletzen.*«

'Withe Seeded Rock Melon' (aus: Brookshaw 1812)

Potsdamer Melonen im 19. Jahrhundert

Mit dem Tod von Friedrich Jakob Krutisch endete 1833 die fast 90jährige Vorherrschaft der Familie in der Melonenkultur zu Sanssouci. 1834 übernahm Eduard (I.) Nietner (1796–1859) aus Monbijou die Melonerie. Fast jährlich legte er dem Gartenbauverein neue, besonders große oder schmackhafte Melonen vor, die gelegentlich prämiiert wurden.[30] Auch unterrichtete er an der Gärtnerlehranstalt und war im Gartenbauverein Mitglied des Ausschusses für Treiberei.

● Im Dezember 1835 berichtete Gartendirektor Lenné im Gartenbauverein über achtjährige Erfahrungen und Erfolge des Niederschönhausener Hofgärtners Theodor (I.) Nietner (1790–1871) bei der Freilandkultur der Melonen.

● Die daraufhin in den *Verhandlungen* gedruckten eigenen Erfahrungen Nietners zur Freilandkultur in Preußens hartem Klima waren ein wichtiger Beitrag, um das Niveau der Gemüsekultur auch bei denjenigen Gärtnern zu verbessern, die nicht über königliche Mittel zur Errichtung von Mistbeetanlagen oder gar spezielle Glashäuser verfügten. Nach Nietners Erfahrung waren nur Netzmelonen hierfür wirklich geeignet. Wichtig war außerdem, daß nur Samen verwendet wurden, die nicht älter als zwei Jahre waren. Die Aussaat erfolgte in Töpfen unter Glas Anfang April. Die Sämlinge wurden allmählich an freier Luft abgehärtet und nach den Eisheiligen im Mai an ihren Bestimmungsort in 1,60 m breiten und reichlich 50 cm hohen Hochbeeten ausgepflanzt. Frischer Mist wurde hier nicht verwendet. Auf einer luftigen Unterlage aus Laub, Ästen, Steinchen und Rasenstücken, die Staunässe verhinderte, wurde eine Mischung aus drei Teilen Lauberde und einem Teil verrottetem Pferdemist aufgebracht. In die Mitte kamen die Melonen mit 1,80 m Abstand, daneben eventuell in der ersten Zeit noch Salat. In der Folge war peinlichst darauf zu achten, daß die Pflanzen niemals zuviel Feuchtigkeit bekamen, was z. B. durch Aufsetzen von Glocken und vorsichtiges Gießen erreicht werden konnte. Im Unterschied zur Mistbeetkultur war kaum weiteres Schneiden nötig; Befestigen der Ranken am Boden mit kleinen Haken diente dem Windschutz und zusätzlicher Wurzelbildung.

● Nietner hatte große Erfolge mit dieser Kulturmethode und gewiß auch besondere Unterstützung von Seiten des für Obst leicht zu begeisternden Königs Friedrich Wilhelm III. So schreibt er: »*Im Jahre 1830 den 25sten August (ich befand mich dazumal noch in Paretz, einem Königl. Schlosse und Lieblingsaufenthalt Sr. Majestät des Königs) schnitt ich eine von den im Freien gereiften Melonen, 8 Pfd. schwer, ab. Da sich Se. Majestät der König gerade in Paretz aufhielten, hatte ich die Ehre, dieselbe auf die Königl. Tafel geben zu dürfen, wobei Se. Excellenz der Herr Hofmarschall und Intendant der Königl. Schlösser Herr Baron von Maltzahn die Gnade hatte zu bemerken, daß die vorliegende Frucht im Freien meines Küchengartens gereift sei. Durch diese Aeußerung Sr. Excellenz aufmerksam gemacht, beehrte mich Se. Majestät der König im Gefolge aller übrigen Herrschaften, unter denen sich auch Se. Exc. Der Herr Baron Alexander v. Humboldt befand, noch an demselben Tage mit Allerhöchst Ihrer Gegenwart, und ließen sich durch mich an Ort und Stelle hinführen, wo jene Melone gewachsen war. Se. Majestät der König sowohl als alle übrigen hohen Anwesenden, wurden durch die Zahl und*

Größe der sich hier vorfindenden Melonen, wie es schien, nicht nur sehr angenehm überrascht, sondern Allerhöchst Dieselben gaben mir auch Ihre Zufriedenheit darüber zu erkennen.« Nietner zog später Freilandmelonen gewaltiger Größe. So nennt er eine Orangen-Kantalupe, »*21 Pfd. schwer und 2 Fuß 6 Zoll im Umfang*«, eine andere Frucht von 26 Pfund.[31]

● 1837 erschien Theodor Nietners zweibändige *Küchengärtnerei*, wo er seine Erfahrungen bei der neuartigen Freilandkultur genau schildert. 1842 schrieb dessen Vetter Eduard Nietner gemeinsam mit seinem Gärtner- und Lehrerkollegen Wilhelm Legeler (1801–1873) das Büchlein über die Treiberei, in dem auch die Melone ihren Platz fand. Dort heißt es etwa: »*Bei dem Transportiren der Pflanzen vom Samenbeet auf das Mistbeet, was gewöhnlich bei größerer oder geringerer Kälte vorgenommen werden muß, hat man die Pflanze gegen die Ein-*

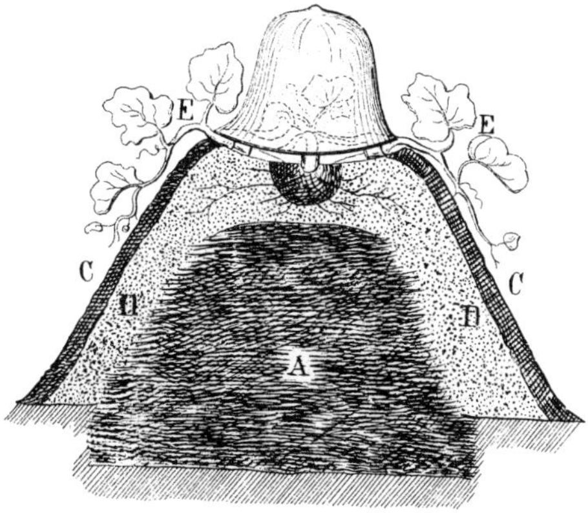

Hochbeet mit Glocke für die Freilandkultur von Melonen (aus: Weise/Hartwig 1865)

wirkungen der letzteren auf eine entsprechende Weise zu schützen. Man setzt zu dem Ende die Pflanze in eine dazu geeignete Schachtel, bedeckt diese und breitet während des Pflanzens über den damit Beschäftigten Strohdecken aus.«[32]

● Oder zur Ernte: »*Zwei Tage vor der völligen Reife werden die Früchte Morgens abgenommen und an einem kühlen luftigen Orte aufbewahrt, wo sie nach dieser Zeit ihr vollkommenes Aroma im Geschmack entwickelt haben. Bei den Wintermelonen welken bei eintretender Reife die Ranken, und bei den Angurien besteht das Zeichen der Reife darin, daß, wenn man die Schale stark drückt, diese einen hellen eigenthümlich knisternden Ton von sich giebt; außerdem klingt die Frucht beim Anklopfen mit dem Finger hohl.«*[33]

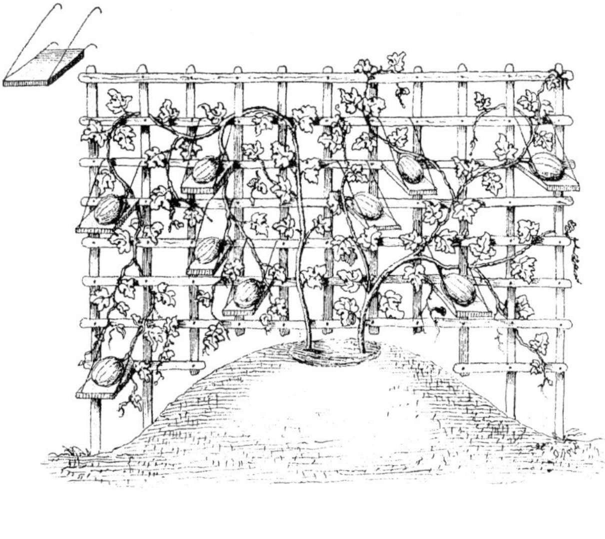

Melonenspalier für Freilandkultur (aus: DMGB 1835)

Supraporten im Gartensaal, Schloß Paretz 1797

In die Melonerie war nach dem Tode Eduard (I.) Nietners 1859 sein jüngerer Bruder Wilhelm (1802–1871) aus Schwedt gekommen. Diesem folgten Robert Buttmann (1830–1900) und Carl Poosch (1833–1897). Letzter Meloneriegärtner war schließlich bis zum Ende der Kaiserzeit Otto Meermann (1863–1957), mit dem die Kultur der Treiberei und der Hofgärtner zu Ende ging. Einem Nachruf zufolge war er »*der letzte Vertreter der nun schon klassisch gewordenen Frühtreiberei von Feinobst und -gemüse unter Glas, die er aufgrund im In- und Ausland erworbener Fachkenntnisse als Leiter des sog. Melonerie-Reviers in Potsdam-Sanssouci schon lange vor dem ersten Weltkriege zu bedeutender Höhe entwickelte. Er versorgte das ganze Jahr über die Küche des ehemaligen Kaiserhofes mit den Erzeugnissen der Bohnen-, Gurken-, Melonen-, Spargel-, Champignon-, Erdbeer-, Ananas-, Wein- und Pfirsichtreiberei, um nur die Hauptkulturen zu nennen.* […] *In heutiger Schau war seinerzeit vieles erstaunlich primitiv, und es kam wirklich sehr viel auf praktische ›Kunstgriffe‹ an, über die Otto Meermann als Gärtner aus innerster Berufung in reichem Maße verfügte.*«[34]

● Auch Friedrich Kunert (1863–1948), der als Leiter des Terrassenrevieres in Sanssouci viel von dem Wissen der kaiserlichen Gartenkultur noch in der Weimarer Republik weitergeben konnte, war ein unbestrittener Fachmann auf dem Gebiete der Treiberei, was er unter anderem durch seine Neubearbeitungen von Wilhelm Hampels *Handbuch der Frucht- und Gemüsetreiberei* bewies. Die fünfte Auflage des Buches von 1923 enthält detailgenaue Erklärungen zur Melonenkultur in

Mistbeeten und heizbaren Kästen. Der Abschnitt über die Kultur in den großen Treibhäusern beginnt mit einer Warnung: »*Die Kultur der Melonen in den Treibhäusern gehört zu den schwierigsten Aufgaben des Treibgärtners und erfordert während der ganzen Kulturperiode, insbesondere aber während der kalten Winterzeit, die peinlichste Aufmerksamkeit. Das Gelingen dieser Kulturen, d.h. die Erziehung schöner Früchte in der Winterzeit, erfolgt nur bei allersorgsamster Pflege, und verdient besondere Anerkennung.*«[35]

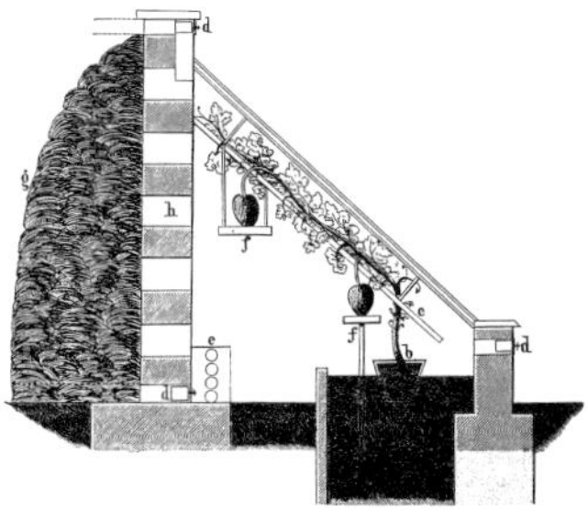

Im Melonenhaus von Sanssouci (aus: Kunert 1923)

Schnitt durch ein Melonenhaus (aus: Tatter 1879)

Kunert erklärt auch, warum die Treiberei durch die Verbesserung der Transportmöglichkeiten zum Untergang verurteilt war: »*Diese Kulturen sind allerdings kostspielig und nur für Leute geeignet, wo das Geld keine Rolle spielt, sondern es nur darauf ankommt, zu ganz ungewöhnlichen Zeiten frische Melonen zu genießen, zuweilen auch nur aufweisen zu können. – Wer aber einen pekuniären Gewinn bei der Melonenkultur erzielen will, der muß dieselbe so viel als möglich in der warmen Jahreszeit, am vorteilhaftesten als zweite Frucht in den Mistbeeten betreiben.*«[36] Vor allem als Überbrückungskultur sah Kunert noch Chancen für die Treiberei, »*indem man sonst früher im Sommer leerstehende Gewächshäuser mit Melonen bepflanzte und glänzende Erfolge erzielt hat. Ich möchte diese Kultur auch dem Erwerbsgärtner empfehlen, denn im Inflations-Sommer 1922 wurden für das Pfund Melonen 150–300 Mk. bezahlt.*«[37]

● In die Zukunft weist auch Kunerts Empfehlung der bisher verachteten Wassermelone: »*Die Kultur der Wassermelonen ist außerordentlich leicht und sehr dankbar. Man kann von einer Pflanze eine reichliche Menge Früchte ernten, ohne große Mühe darauf zu verwenden* [...] *eine einzige Pflanze ist hinreichend, um einen großen Mistbeetkasten auszufüllen, man pflanzt aber* [...] *unter jedes Fenster eine und läßt später* [...] *die Ranken über die Kästen hinauswachsen* [...]. *Die Arbusen erhalten sich im reifen Zustande lange Zeit und lassen sich im Herbst in einem luftigen frostfreien Raum lange aufbewahren.*«[38]

Über die Sorten der Melonen

Der Gemeinsame Sortenkatalog für Gemüsearten der EU verzeichnet 500 Melonensorten. Fast alle sind neueren Ursprungs, und die Identität mit alten Sorten läßt sich nur noch schwer feststellen.

● In der Renaissance wurden von den heutigen Melonen zwei Sippen unterschieden: 1. die eigentlichen Melonen mit runden grünen Früchten, 2. die Pfeben mit langen gelben Früchten. »*Dise beyde frücht seind geströmt/vnnd etwas rauch/ inwendig gantz geel/safftig/vnd mit kernen in einer ordnung durchauß besetzt/am geruch lieblich /am geschmack süß*«. (Fuchs 1543) Die Pfeben waren nach einer Abbildung bei Dalechamps (1587) gerippt und mit Warzen besetzt, die Melonen ebenfalls gerippt, aber ohne Warzen. Beide scheinen zur heutigen Cantalupensis-Gruppe zu gehören. Doch erwähnen Estienne & Liébault (1567) auch glatte Pfeben, die wahrscheinlich zur heutigen Inodorus-Gruppe (früher Melitensis) gehören.

● Estienne & Liébault beschreiben außerdem eine dritte Sippe der kleinen gelben Wintermelonen, die ähnlich wie Quitten aussehen (Mattioli 1586). Es sind offensichtlich Klettermelonen (Dudaim-Gruppe). 1630 führt sie Johann Royer als »*Melo indicus odoratissimus*« auf.

● Royer kultivierte im Lustgarten des herzoglich braunschweigischen Schlosses Hessen insgesamt sechs Formen der Melone. Ihre Namen deuten auf Herkünfte aus der Türkei, Spanien, Neapel und Portugal.

- Johann Rist empfiehlt in seinem *Adelichen Haus-Vatter* 1638 eine Sorte aus Moskau, möglicherweise eine Wassermelone.
- Stromer von Reichenbach empfiehlt 1673 jährliche Samenimporte aus Italien, »*dann der Saame/so allhier und in Teutschland gesamlet wird/er sey so vollkommen als er immer wolle/nimmermehr so gut ist/noch in solche Grösse erwächst/als wie der Fremde.*«[39]
- Hohberg sagt 1682 über die Melonen: »*Sind so wohl auswendig als inwendig an Farben/Form/Grösse und Güte sehr unterschieden/wie alle Gärtner wol wissen/Darunter die Zucker-Melon etwas kleiner und gelber als die andern/aber sehr dick am Fleisch/und süß und lieblich am Geschmack sind.*«[40] Samen solle man besser aus der Nachbarschaft nehmen statt aus Italien, Frankreich, Spanien und Ungarn importieren, weil die südlichen Sorten im kalten Klima schlechter gedeihen.
- Heinrich Hesse bezeichnet 1690 trotzdem die Samen aus Mailand und Verona als die besten. Er nennt: »*Die grauen Zucker-Melonen/so gantz trocken sind; Die runden Zucker-Melonen; Die gestreiften Zucker-Melonen; Die Ferarischen Melonen/so groß/und mit einer rauhen Rinde überzogen; Die grosse Meyländische Melonen/die halb grün/halb gelb und tieff eingekerbet sind; Die runde Bolognesische/so groß/rund/weißlich und eingekerbet ist; Stern-Melonen. Die grosse lange/gesprengte/Türckische Melonen; Die grosse Ungarische grüne Melonen; so hin und wieder mit Puckeln besetzet sind. Die Pomerantzen-Melonen* (...).«[41]

Melonenpflanze vor dem Schnitt (Barfuß 1896)

- La Quintinye bevorzugte laut Nicodemus Tessin zu Ende seines Lebens die Sorten 'Moissac' und 'Toulouse' oder 'Saint-Nicolas'. – Wir führen diese Namen nur an, um die Schwierigkeiten ihrer heutigen Identifizierung zu illustrieren.

● Im 18. Jh. waren die Kantalup-Melonen (Cantalupensis-Gruppe) wegen ihres würzigen Geschmacks die beliebtesten. Ihr Name hat nichts mit der ursprünglichen Heimat zu tun. Im fruchtbaren Tal des Aniene nördlich von Rom hatten die Päpste aus dem Geschlecht der Orsini im 15. Jahrhundert einen Sommersitz. Cantalupo – wo der Wolf heult – hieß dieser Ort, der noch heute im Munde aller Feinschmecker ist, die für Melone und Schinken schwärmen. Missionare sollen die Urform im 15. Jh. aus Armenien hierher gebracht haben. Die Kantalupen sind meist rund, breiter als hoch, mit kräftigen Rippen und mit Warzen bedeckt. Die Schale ist grün oder gelb, das Fleisch meist orange. De Combles (1749) erwähnt sie zuerst in Frankreich als 'Melon de Florence ou Cantalupi'. Eine frühe Abbildung befindet sich bei Johann Simon Kerner 1786.

● Schnell entwickelten sich daraus weitere Sorten. Nach Loudon 1822 sind es die besten. Legeler nennt ihren Geschmack »*delicat*«, ihren Geruch ananasartig, doch »*sie müssen spätestens 3 Tage nach der Abnahme verbraucht werden.*«

● Bei der großen Zahl an Sorten und dem hohen Aufwand bei der Kultur war nach Thomas Andrew Knight die Auswahl des Samens ganz entscheidend. Man solle Kerne entweder nur von selbst gekosteten Früchten oder nur von hundertprozentig vertrauenswürdigen Personen nehmen (Loudon 1828).

● Als 'Noir des Carmes' (Schwarze Karmeliter-Kantalupe) hat sich eine Sorte des 18. Jhs. bis heute erhalten. Sie ist durch ihre tief dunkelgrüne, gerippte, aber nicht warzige Schale kenntlich.

Melonenpflanze nach dem Schnitt (Barfuß 1896)

● Auch die 'Pariser Markt-Kantalupe' ('Prescott Fond Blanc') (um 1800) ist noch vorhanden. Beide wurden von allen maßgeblichen Potsdamer Hofgärtnern empfohlen. Anfang des 20. Jhs. wurde die Kantalup-Sorte 'Kaiserin Auguste Viktoria' berühmt, »*wohl die ertragreichste von allen*« (Kunert 1923).

● Als ›Wintermelone‹ führt Loudon eine importierte Frucht, die oval, dunkelgrün und weißfleischig ist und von September bis Januar angeboten wird, möglicherweise die gleiche, die noch heute in Neapel als Weihnachtsmelone verkauft wird und der Inodorus-Gruppe zuzurechnen ist. Legeler nennt eine ›Wintermelone‹ unter den Kantalupen, ohne über ihr Aussehen etwas mitzuteilen.

● Die Netzmelone (Reticulatus-Gruppe, von einigen Autoren jetzt in die Cantalupensis-Gruppe integriert) wird unter dieser Bezeichnung erstmals bei Johann Metzger 1841 erwähnt,[42] obwohl Legeler glaubt, daß sie »*wahrscheinlich schon vor Plinius Zeiten in Europa cultivirt*« wurde. Eine »*Melo reticulatus*« hatte schon Jean Bauhin um 1600. In England heißen sie 'Romanas' und werden auf römische Herkünfte zurückgeführt.

● Die Früchte zeichnen sich durch ein aus hellen Korkstreifen gebildetes, netzartiges Muster auf der gelben Schale, fehlende Rippen und orangegelbes Fleisch aus und sind meist rund. Die 'Berliner Netzmelone', 1901 in der *Gartenwelt* vorgestellt, wird von Kunert und Becker-Dillingen zu den besten Melonen gerechnet. Sie bringt es auf maximal 10 kg. Die Netzmelonen haben, schreibt Legeler, »*den eigenthümlichen Melonengeruch, dauern nach der Abnahme nur 2 Tage und werden dann wässrig.*«[43]

'Scarlet Fleshed Romana' (aus: Brookshaw 1812)

● Salzmann sagt 1786, es gäbe »*unendlich viele Sorten*« und nennt einige traditionelle wie 'St.-Nicolas', 'Romanero', mehrere Kantalupen sowie Karmelitermelonen aus dem Languedoc, darunter eine genetzte. Diese aber würden am preußischen Hof sämtlich nicht geachtet, man hätte vielmehr neuere Sorten wie 'Barbaresko' aus der Barbarei, weichfleischige aus Spanien sowie türkische und astrachanische. Im 19. Jh. unterschieden die Potsdamer Hofgärtner nur Kantalup- und Netzmelonen. Zwischen beiden gibt es zahlreiche Kreuzungen. Von Legeler stammen die nächsten Hinweise auf das Potsdamer Sortiment. Er zählt 63 Sorten auf, von denen er vierzehn besonders empfiehlt. Als potsdamtypisch nennt er die Barbaresken-Melone mit »*vortrefflichem Geschmack.*« Auf dem Naumburger Obst- und Gemüsekongreß 1853 empfahl Eduard (I.) Nietner zehn Sorten, darunter eine gelbe amerikanische Freilandmelone. Kunert gab vierundzwanzig Empfehlungen, darunter zahlreiche neue Sorten wie 'Auguste Viktoria' und 'Berliner Netzmelone', aber auch noch 'Noir des Carmes' und 'Barbaresken-Melone'.

● Von den Wassermelonen sind Sorten bekannt mit weißem, gelbem oder rotem Fleisch, schwarzen oder roten Samen. Auf sie geht nur Legeler ein. Er bevorzugte die 'Italienische' und die 'Amerikanische' Wassermelone, eine rotfleischige Sorten mit schwarzen Kernen, ähnlich wie sie heute als 'Sugar Baby' verbreitet ist.

● Bis 1918 kultivierten die meisten Potsdamer Hofgärtner Melonensorten, die sich durch ihren vorzüglichen Geschmack auszeichneten, dufteten, zum genau abgepaßten Zeitpunkt unmittelbar vor der Lieferung an die Küche geerntet wurden und darüberhinaus durch ihr vielgestaltiges Äußeres ein Augenschmaus waren. Ihre Veröffentlichungen beweisen, wie sie stets bemüht waren, die besten Sorten für die hiesigen Bedingungen ausfindig zu machen.

- Heute ist überall eine in Brandenburg ›Honigmelone‹ genannte Sorte am häufigsten im Handel. Ihre Schale ist glatt und gelb, geruchlos, das Fleisch grünlich (Inodorus-Gruppe). Sie wird produziert, weil sie groß, sehr lange haltbar und gut transportfähig ist. Aroma hat sie nicht oder nur selten.
- Vielfältig die Sinne ansprechende Sorten, wie es die Kantalupen waren, sind im Handel kaum noch zu finden. Die Gefahr, an übermäßigem Melonengenuß zu sterben, ist kaum noch zu befürchten.

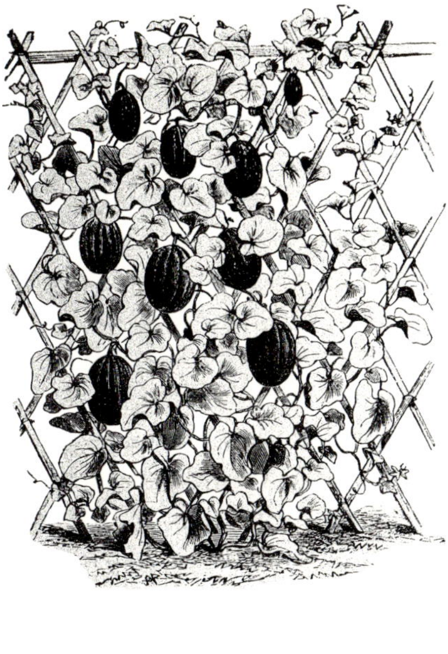

Melonenspalier (aus: DMGB 1853)

Glasglocken im Schloßgarten von Chenonceau

Anmerkungen

1 Mattioli 1586, Bl. 158 v 2 Mattioli 1586, Bl. 158 v 3 Pons, Ausgabe 1680, zit. nach Wheeler S. 123 4 Gerhardt, *Gedichte*, Leipzig 1877, *Wer wohlauf ist und gesund* 5 Rhagor Ausg. 1669, S. 113 6 Mattioli 1586, Bl. 157 v 7 Serres 1996, S. 798f. 8 Stöhr, S. 12 9 Serres 1996, S. 798f. 10 *Verhandlungen* 1837, S. 214 11 Colerus Ausg. 1604, S. 186 12 Elsholtz 1684, S. 49 13 Böckler 1699, S. 452 14 Nietner, *Küchengärtnerei*, S. 115 15 Hesse 1706, S. 174 16 zit. nach Wheeler S. 124 17 Elsholtz 1684, S. 175 18 Ausgabe von 1745/46, Signatur V 550 19 Wir verwenden die zeitgenössische deutsche Übersetzung, korrigieren sie aber nach dem Original, wo sie von diesem abweicht. 20 Pluche, 1741, S. 258–261 21 zitiert nach Kühn, S. 36f. 22 Schurig 1996 23 Schurig 2001 24 Staatsarchiv Oldenburg, Best. 271–25 Nr. 52, Belege zur kgl. Gartenrechnung 1783/84 25 Fouqué: *Denkwürdigkeiten aus dem Leben*, Bd. 2, Berlin 1788, S. 182; frz. Originalbrief bei Eberhard Köstler, Tutzing 26 Schulze 2001, S. 68ff. 27 *Verhandlungen* 6 (1830), S. 383ff. 28 *Verhandlungen* 1 (1824), S. 147, 9 (1833), S. 40 29 *Verhandlungen* 6 (1830), S. 4; 7 (1831), S. 119 30 *Verhandlungen* 17 (1844), S. 154 31 Nietner, *Melonenkultur*, S. 215f. 32 Legeler/Nietner 1842, S. 77 33 Legeler/Nietner 1842, S. 83 34 Max Weber, Gartenbaudirektor Otto Meermann i. R., zum Gedächtnis! In: *Das Gartenamt* 6 (1957), S. 127 35 Hampel/Kunert 1923, S. 204 36 Hampel/Kunert 1923, S. 196f. 37 Hampel/Kunert 1923, S. 205 38 Hampel/Kunert 1923, S. 208 39 Stromer 1673, S. 53 40 Hohberg 1687, S. 650 41 Hesse 1706, S. 170f. 42 *Grimms Wörterbuch* 43 Legeler/Nietner 1842, S. 68

Literatur

Allgemeines Teutsches Garten-Magazin (ATGM)

Andersen, James: *The New Practical Gardener.* London 1875

Barfuß, Joseph: *Die Melone, Tomate und der Speisekürbis.* Neudamm 1896

Becker-Dillingen, Joseph: *Handbuch des gesamten Gemüsebaues.* 5. Aufl. Berlin 1950

Benary, Ernst: *Album Benary.* Heft 5. Erfurt 1877

Besler, Basilius: *Hortus Eystettensis.* Nürnberg 1613

Bock, Hieronymus: *New Kreuterbuch,* Straßburg: 1539

Böckler, Georg Andreas: *Nützliche Hauß- und Feld-Schule.* Nürnberg 1699 (1. Aufl. 1678)

(Bonnefons, Nicolas de:) *Le Jardinier François.* Rouen 1652

Brookshaw, George: *Pomona Britannica.* London [1804]–1812

– – – London 1817

Calvel, Étienne: *Du Melon et de sa culture sous châssis, sur couche et en pleine terre,* 1805, 1810, 1828

Calwer, C. G.: *Deutschlands Feld- und Gartengemüse.* Bd. 1 Stuttgart 1852

Cock-Clausen, Søren: *Drivhuset i 1700-tallet.* Virum 1999

Colerus, Johannes: *Oeconomiae Oder Hausbuchs / Ander Theil.* Wittenberg 1604 (1. Aufl. 1595)

– – – *Oeconomia ruralis et domestica.* Mainz 1665 (1. Aufl. 1645)

Daléchamps, Jacques: *Historia generalis plantarum.* Bd. 1. Lyon 1587

Deutsches Magazin für Garten- und Blumenkunde (DMGB), später *Neuberts Deutsches Garten-Magazin* (NDGM)

Elsholtz, Johann Sigismund: *Vom Garten-Baw.* Berlin 1684 (1. Aufl. 1666, 2. Aufl. 1672)

Estienne, Charles ; Jean Liébault: *Fünffzehen Bücher Vom Feldbaw.* Straßburg 1587 (1. Aufl. Paris 1567)

Fintelmann, Carl: Anleitung zum zweckmäßigen Verpacken. in: *Verhandlungen 11* (1835), S. 267ff.

Fischer-Benzon, R. v.: *Altdeutsche Gartenflora.* Kiel u. Leipzig 1894

Franke, Johannes: *Hortus Lusatiae.* Bautzen 1594. Neu herausgegeben, Bautzen 1930.

Fuchs, Leonhard: *New Kreüterbuch.* Basel 1543

Germer, Renate: *Flora des Pharaonischen Ägypten,* Mainz, 1985

Hammer, Karl (Hrsg.): *Kürbis, Kiwano & Co. – vom Nutzen der Vielfalt,* Kassel, 2002

Hampel, Wilhelm: *Hampels Handbuch der Frucht- und Gemüsetreiberei*, 5. Auflage, neu bearbeitet von F. Kunert, Berlin 1923
Hanelt, Peter (Hrsg.): *Mansfeld's Encyclopedia of Agricultural and Horticultural Crobs.* Berlin, 2001
Hesse, Heinrich: *Neue Garten-Lust.* Leipzig 1706 (1. Aufl. 1690)
Hohberg, Wolfgang Helmhard v.: *Georgica Curiosa.* 1. Theil. Nürnberg 1687 (1. Aufl. 1682)
Kerner, Johann Simon: *Les melons, contenant 36 especes.* Stuttgart 1811
Kiple & Orneles: *The Cambridge World History of Food*, Cambridge, 2001
Kopisch, August: *Die Königlichen Schlösser und Gärten zu Potsdam*, Berlin 1854
Körber-Grohne, Udelgard: *Nutzpflanzen in Deutschland.* Stuttgart 1987
Kühn, Margarete: Die Gärten Friedrichs des Großen, in: *Brandenburgische Jahrbücher* 14/15 (1939), S. 33ff.
Lange, Thedor: *Gurke, Melone, Kürbis.* Berlin 1900
Lauremberg, Peter: *Horticvltvra, libris II. comprehensa.* Frankfurt a. M. (1632)
Legeler, Wilhelm ; Eduard Nietner: *Die Treiberei.* Berlin 1842
Liger, Louis: *La Nouvelle Maison Rustique.* Paris 1763 (1. Aufl. 1700)
Loudon, John Claudius: *An encyclopaedia of gardening.* London 1828 (1. Aufl. 1822)
Marzell, Heinrich: *Wörterbuch der deutschen Pflanzennamen*
Mattioli, Pietro Andrea: *Kreuterbuch.* Frankfurt a. M. 1586 (1. Aufl. 1563)
Mattioli, Pietro Andrea: *De plantis epitome utilissima.* Frankfurt a. M. 1586
Neue Unterweisung zu dem Blumen-Bau [...] *Nebst einem Verzeichniß derer schönsten und raresten Blumen / wie auch einem curieusen und nützlichen Tractätlein Von dem Melonen-Bau.* Leipzig 1705,
Nietner, Theodor: *Die Küchengärtnerei.* Berlin 1838
Nietner, Eduard [i. e. Theodor]: Ueber Melonenkultur im freien Lande, ohne alle künstliche Wärme. In: *Verhandlungen* 12 (1837), S. 215f.
Nouveau Traité de la culture des melons. 8 S. In: La Quintinye, Jean de: *Instruction pour les Jardins fruitiers & potagers*, Amsterdam 1697
Pellerin, Guillaume: *Outils de jardin.* Paris 1996
Pluche, Noël Antoine: *Le Spectacle de la Nature*, vol. 2, Paris 1741 (1. Aufl. 1735)
Pons, Jacques: *Sommaire Traité des Melons.* Lyon 1583
Rhagor, Daniel: *Erneuerter Pflantz-Garten.* Basel 1669 (1. Aufl. 1639)
Salzmann, Friedrich Zacharias: *Gründliche Anweisung, wie man allerley Küchengewächse und Specereykräuter durch's ganze Jahr zu behandeln hat.* 1. Teil Berlin 1781, 2. Aufl. 1786

Schulze, Johann Gottlob: *Einige Bruchstücke von der Verfassung des Königlichen Gartenwesens.* In: *Die Zier- und Nutzgärten in Sanssouci von 1744 bis 1801,*
Potsdam 2001
Schurig, Gerd: Die Früchte der Hofgärtner, in: *Nichts gedeiht ohne Pflege: Die Potsdamer Parklandschaft und ihre Gärtner.* Potsdam 2001, S. 292 ff.
Schurig, Gerd: Großes Treibhaus und kalte Treibmauern: Die Vorgänger der Bildergalerie und des Holländischen Gartens. In: *Die Bildergalerie in Sanssouci.* Potsdam 1996, S. 109ff.
Serres, Olivier de: *Le Théatre d'agriculture et Mesnage des Champs.* Arles 1996 (1. Aufl. 1600)
Stoffler, Hans-Dieter: *Kräuter aus dem Klostergarten,* Stuttgart, 2002
Stöhr, Hans: *Sachsens Obstbau in vier Jahrhunderten.* Dresden 1905
Stromer von Reichenbach, Wolff Albrecht: *Die edle Garten-Wissenschafft / Aus Petri Laurembergii Rostochiensis Horticultura. & Apparatu Plantarum.* 2. Theil Nürnberg 1673
Tatter, Wilhelm: *Das Wichtigste aus der Obsttreiberei.* Stuttgart 1879
Velin: *Traité de la culture du melon.* Amiens 1774
Verhandlungen des Vereins zur Beförderung des Gartenbaues in den Kgl. Preußischen Staaten 1 (1824) ff.
Viescher, Georg: *Blumengarten.* Nürnberg 1645
Vilmorin: *Les plantes potagères: l'Album Vilmorin* (1899). [Paris] 1996
Vergil: *Vom Landbau, deutsch von Rudolf Alexander Schröder.* Leipzig, 1939
Voß, J. H.: Versuche über die Keimkraft der Samen von Melonen und Gurken, in: *Verhandlungen 4* (1828), S. 379ff.
Weise, J. C. G.; Julius Hartwig: *Melonen-, Gurken- und Champignongärtner für Treib- wie für Freiland-Kultur.* 4. Aufl. Weimar 1865
Wheeler, David: *Le Potager du Roi.* Paris 1998
Wimmer, Clemens Alexander: *Die Preußischen Hofgärtner.* Potsdam 1996

Autoren

Marina Heilmeyer ● ist freie Mitarbeiterin des Botanischen Garten und Botanischen Museum Berlin-Dahlem.
Seite 7–21, 25–47

Dipl. Ing. Gerd Schurig ● ist wissenschaflicher Mitarbeiter der Gartendirektion in Sanssouci.
Seite 71–73, 79–88

Dr. habil. Clemens Alexander Wimmer ● ist freier Gartenschriftsteller in Potsdam.
Übrige Texte

In der Reihe *Potsdamer Pomologische Geschichten* sind bereits erschienen:

Kirschen für den König

ISBN 3-930752-18-2

Äpfel fürs Volk

ISBN 3-930752-21-2

Impressum

Herausgeberin der Reihe
Marina Heilmeyer
Redaktion
Clemens Alexander Wimmer
Beratung: Heinz-Dieter Krausch

Bildnachweis
FU Berlin: Botanischer Garten und Botanisches Museum, Berlin (8, 12)
Staatliche Bücher- und Kupferstichsammlung Greiz/Thüringen (65, 68, 82, 95)
Potsdam Museum (79)
Gerd Schurig, Potsdam (98)
Staatliche Museen zu Berlin: Gemäldegalerie (30 Foto J. P. Anders),
Ägyptisches Museum (6 Foto D. Wildung)
Stiftung Preußische Schlösser und Gärten Berlin-Brandenburg: (21, 70, 74, 87),
(28, 72, 73, 76, 78 Foto Hillert Ibbeken)
The Bridgeman Art Library, London (53)
Vatikanische Museen, Rom (18)
Bücherei des Deutschen Gartenbaues, Berlin (übrige Abbildungen)

Gestaltung
Tonja Heilmeyer und Betina Müller
gesetzt aus der Bodoni Old Face Regular, Italic, Caps und Expert
und der ITC Kabel book und medium

Druck
H. Heenemann GmbH, Berlin
auf Gardapat 13 von SchneiderSöhne

Einband
Lüderitz und Bauer, Berlin

vacat verlag Potsdam, August 2003

ISBN 3-930752-27-1